［改訂版］
英会話のための
リーディング

柴田優子 ［著］

創 成 社

まえがき

　毎年，新年度が始まると，１年生の受講生にアンケートをとります。「英語学習の目標は？」との問いに，多くの学生が「話せるようになりたい」と答えます。〈話したいのに話せない〉…. 私が大学生の頃とまったく変わらない悩みを，今も多くの大学生が引きずっているのに驚きます。英語学習の環境は格段によくなっているのになぜでしょう？　教壇に立ちながらこの命題をずっと考えてきました。英語教授法の勉強もしました。最近，いくつかの要因が複合的に関連していることがわかってきました。

　もともとシャイな日本人の国民性。外国人との日常的な接触が少ないという島国特有の環境的要因。ひとつの母音のまわりにたくさんの子音がくっついて音節をつくる英語に対して，日本語の音節は子音ひとつに母音ひとつを組み合わせてできるという音声学的な違い。しかし最大の要因は，主語で始めなければそもそも文が始まらない英語とは逆に，日本語は文脈でわかれば"主語は要らない"言語であるという統語論的な違いだと思うに至りました。

　主語をわざわざ言わない日本語は，日本人に動詞の主体（＝主語）と客体（＝目的語）を明確に意識することを迫ることは滅多にありません。母語の特性はそれを使う人の考え方に大きな影響を与えます。主体と客体を明確に言わず，事態が自然にそうなったという風に表現しておける言語に，生まれたときから馴染んで大人になった日本人が，いざ主語が絶対に必要な英語を話そうとしても戸惑うのは無理もありません。動詞の主語と目的語の立場を入れ替えてつくる"受動態"を，英語の苦手な人があまり理解しないのもそのためです。

　こうした日本人／日本語の特性など様々な要因を理解し，それに適した教授法を考えた結果，リーディング（読解）から入って会話を志向する本書をつくったのが 2011 年。この度，それをさらに精査して改訂版をつくりました。各ユニットの英文は大幅に入れ替えましたが，基本方針はそのままで，基本文法のやり直しをしながら常に"会話では実際どう使うのか"ということを意識した説明をしました。Pattern Practice を入れたのは本書の最大の工夫です。やり方は中で

説明してあります。要するに日常会話の基本的なやりとりが反射的にできるよう
pattern（型）の練習を繰り返す教授法です。

　最後になりましたが，改訂版をつくるにあたりお世話になった創成社・中川史
郎氏と西田徹氏に深く感謝いたします。

　2020 年 2 月

柴田優子

目　　次

Chapter
1

読解と表現

Unit 1

Kiki's Delivery Service
『魔女の宅急便』から

―― 修業の旅に出た日

あらすじ	魔女の家系に生まれた 13 歳のキキは，"13 歳の満月の夜に魔女のいない町を見つけて定住し魔女の修行を積むべし"という古いしきたりに従って今，旅立ったところです。上空で，修行をほぼ終えた魔女に出会います。この魔女はキキのラジオから流れる音を好まないようです。ラジオを切ってほしいとき皆さんならどう言いますか？
ポイント	辞書の正しい引き方を学ぶ（☞ Appendix 1）

Kiki : Hi, good evening !

Witch: **It was. Would you mind** turn**ing** off that radio, please ?

Kiki : Oh, oh. No ……………………………….

Witch: Aren't you new here, are you ?

Kiki : Yeah, I've left tonight. How can you tell ?
Can you tell me, is **it** really hard **to** get settled into a **brand-new** city ?

Witch: Yes. But since I have skills of fortune-telling, I can handle anything.

Kiki : Fortune-telling…?

Witch: Yes, I can tell fortunes about love.
What exactly is your skill ?

Kiki : My skill ? Well, I haven't decided that yet.

It was (good evening)	文字どおり「良い晩でした（あなたが来るまでは）」の意。
Would you mind ~ ing	～してくださいませんか？（☞便利な表現）
Is it ~ to …?	することは～ですか？ it は形式（仮の）主語で to 不定詞を指す（☞文法の復習）。
brand-new	真新しい。

便利な表現　丁寧な依頼　Would you mind 〜 ing

「〜していただけませんか」というとても丁寧な依頼表現です。逆に丁寧すぎて注意が必要です。会話では **Do you mind 〜 ing** が便利です。**Mind** は「いやだと思う／気にする」という意味ですから，OK のときは **No** で応えます。

では，**Do you mind 〜 ing** を使って次のことを依頼してみましょう。相手は **No** のバリエーションで依頼に応じます。

📖 ペアプラクティス

1. 私たちの写真を撮ってほしい (take a picture of us)。
2. この本を一番上の棚に戻してほしい
   (put this book back on the top shelf)。
3. 午後もう一度来てほしい (come back in the afternoon)。

A: Do you mind 〜 ing … ?
B: Of course not. / No, not at all. / Certainly not. / Sure.

＊相手の丁寧な依頼を断るときは，

　　(I'm) sorry I can't. I'm in a hurry. (ごめんなさい，急いでます) など。

きっぱり断るときは，

　　Yes, I do mind. (いえ，ダメです) など。

文法の復習 形式（仮の）主語 It ／目的語 it

後に続く句や節の代わりに，**形式上の主語や目的語**になるもの。<u>It が指すもの</u>は，

① to 不定詞

-**It** is really hard to get settled into a brand-new city. (Kiki)

-I found **it** easier to take pictures of the flowers with this camera.

②動名詞

-**It** is of no use just sitting here so long.

-I found **it** comfortable just relaxing like this.

③ that 節

-**It** is only natural that she should want to move.

-They took **it** for granted that the melt water would sink back into the ice and refroze.

④ wh- 節

-**It** is unclear who the leader is.

-I think **it** doubtful whether or not they will ever come back.

───────────────── 練 習 問 題 ─────────────────

I. 次の各英文を訳しなさい。

1. It isn't easy *to get out of a bad habit*.

2. I thought it my duty *to support the chairperson*.

3. Don't you think it rough *walking without your shoes*?

4. We took it for granted *that you would agree*.

5. It doesn't matter *who you are* or *where you live*.

II. 次の日本語を，仮主語／仮目的語の it を使い英語にしなさい。

1. 自分の中に幸せを見いだすことは容易ではない。

2. 夜ひとりでそこへ行くのは危険だと思う。

Spirited Away

『千と千尋の神隠し』から

—— 本当の名前

あらすじ	ハクの助けにより，千は自分の本当の名前を思い出しました。
ポイント	英語を制するポイントは**動詞**だと言っても過言ではありません。動詞がわからないと to 不定詞は理解できません。意識的に学んでください。また，**付加疑問文**，**間接疑問文**という疑問文の2種類のバージョンが使われています。元になる普通の疑問文の作り方の確認から始めて，会話に便利なこれら疑問文バージョンを身につけましょう。

級友がお別れ会でくれた "Good-bye Card" に "CHIHIRO" と書かれている。

Sen　：**That's my name, isn't it?**…

Haku：**That's how YUBABA controls you**, by stealing your name.
　　　So **hold on to** that card. Keep it hidden.
　　　And while you're here **you must call yourself Sen**.

Sen　：I can't believe I forgot my name.
　　　She almost took it from me.

Haku：If you completely forget it, you'll never find your way home.
　　　I've tried everything **to remember mine**.

That's my name, isn't it?	付加疑問文 (☞便利な表現) (Pattern Practice)。
That's how YUBABA controls you	間接疑問文 (☞文法の復習) (Pattern Practice)
you must call yourself Sen	SVOC (☞ Grammar 1 [5文型])
to remember mine	to 不定詞 (☞ Grammar 3)。 mine = my name

便利な表現　付加疑問

　会話に特有の表現で、「ね／だよね／でしょ」などのニュアンスを付け加えます。
① 　自信がなくて確認する場合は上昇調で言う（↑）。
　　"That's my name, isn't it"（↑）「これ私の名前でしょ？」
② 　自信があって同意を求める場合は下降調で言う（↓）。
　　"That's my name, isn't it"（↓）　「これ私の名前だよね」

付加疑問文の作り方

＊付加疑問文は疑問文の一種です。疑問文が作れることが前提となります。
① まず土台の文の疑問文―ただし肯定文なら否定文の，否定文なら肯定文の疑
　　問文―をつくる。
②「動詞＋主語」の部分だけを土台の文の末尾につける。

　[練習 1] You are tired.（あなたは疲れている：事実）
① (　　　　　　　　　　　　　?) + **not** = (　　　　　　　　　　　　　　　　?)
② You are tired, (　　　　　　　　　　　　　) ?（あなた, 疲れてますね）

　[練習 2] You aren't interested in art.（あなたはアートに興味がない：事実）
① (　　　　　　　　　　　　　?) − **not** = (　　　　　　　　　　　　　　　　?)
② You aren't interested in art, (　　　　　　　) ?
　　（あなたアートに興味ないでしょ）

　[練習 3] You want to have a break now.（あなたは今休憩をとりたい：事実）
① (　　　　　　　　　　　　　?) + **not** = (　　　　　　　　　　　　　　　　?)
② You want to have a break now, (　　　　　　　) ?
　　（今休憩をとりたいんでしょ）

　[練習 4] You didn't go to school yesterday.（君は昨日学校に行かなかった：事実）
① (　　　　　　　　　　　　　?) − **not** = (　　　　　　　　　　　　　　　　?)
② You didn't go to school yesterday, (　　　　　　　) ?
　　（君は昨日学校に行かなかったんだね）

　では，Pattern Practice ①で口頭練習してみましょう。

6

間接疑問　That's how YUBABA controls you.

　疑問文をほかの文の中に組み込んだとき，その疑問文は元の意味が生きたまま**名詞節**になります。間接疑問文のポイントは**語順を変える**ことです。

```
元の疑問文〈 疑問詞　＋　　V　　＋　　　S　　　〉
             How　　＋　does　＋　YUBABA...

→間接疑問文〈 疑問詞　＋　　S　　＋　　V　　〉
             how　　＋ YUBABA ＋　controls
```

　では，Pattern Practice ②で口頭練習してみましょう。

———————————————— 練 習 問 題 ————————————————

1-a. 元の疑問文　駅はどこですか。
1-b. 間接疑問文　駅がどこか教えてもらえますか。

2-a. 元の疑問文　彼はいつ北京に発ちますか。
2-b. 間接疑問文　彼がいつ北京に発つか知っていますか。

3-a. 元の疑問文　ここから駅まで歩いてどのくらい（時間が）かかりますか。
3-b. 間接疑問文　ここから駅まで歩いてどのくらいかかるか教えてください。

4-a. 元の疑問文　彼女は今バイトを探しているんですか。
4-b. 間接疑問文　彼女が今バイトを探しているかどうか私は知りません。

Unit 3

Anne of Green Gables
『赤毛のアン』から①

―― マシューが死んだ日

> **あらすじ** 孤児のアンは11歳のとき，中年の兄妹のもとへ引き取られ，愛情を注がれて育ちます。これは，その6年後，兄のマシューが突然死んだ晩，妹・マリラとアンが悲しみを分かち合う場面です。
>
> **ポイント** 基礎英語の難関である**仮定法**と**現在完了**を復習します。

"It's our sorrow—yours and mine. Oh, Marilla, what will we do without him?"

"We've got each other, Anne. I don't know what **I'd** do **if** you weren't here—if you'd never come. Oh, Anne, I know **I've been** kind of strict and harsh with you maybe— but you mustn't think I didn't love you **as well as** Matthew did, for all that. I want to tell you now when I can. It's never been easy for me to say things out of my heart, but at times like this it's **easier**. I love you **as dear as** if you were my own flesh and blood and you've been my joy and comfort ever since you came to **Green Gables**."

I'd…if…	I'd=I would。仮定法過去（☞ Grammar 6）
I've been …	現在完了（☞ Grammar 4）
as well as	原級（☞文法の復習 比較）
easier	比較級（☞文法の復習 比較）
as dear as	原級（☞文法の復習 比較）
Green Gables	タイトルにもなっている gable は建築用語で「切り妻屋根」（ひさしの下の三角形になった部分）。この家の特徴である緑の切り妻屋根は屋号として使われている。

文法の復習　比較

　比較とは，２人以上の人／２つ以上の物を比べることです。その形には原級・比較級・最上級があります。

　　原級　：「AはBと同じくらい…だ」Ken is as tall as Sho.
　　比較級：「AはBより…だ」　　　　Nao is taller than Ken.
　　最上級：「Aは〜の中で最も…だ」　Nao is the tallest of the three.

　　　　　　＊Bは**比較対象**（誰／何を相手にしているか）
　　　　　　「…だ」は**比較基準**（何について比べているか）：形容詞か副詞

原級

　マリラが今まで表現したことのないアンに対する愛情の大きさを原級を２回使って表現します。１つ目はI love you well.（申し分なくあなたを愛している）の副詞 well を，２つ目はI love you dear.（とてもあなたを愛している）の副詞 dear（dearly の古い形）を比較基準にしています。

比較級

　比較基準の形容詞・副詞の語尾に -er をつけ，比較対象を than で導くのが基本ですが，本文中の "it's easier" は，文脈から比較対象が明らかなので than 以下は省かれています。「いつもより（than usual）」「以前より（than before）」などはよく省かれます。

　例1. We'd better walk faster (than we walk right now).
　　　　(My Neighbor *TOTORO*)
　　　　((今より) もっと速く歩かなきゃ。)

　例2. The bears must now swim longer distances (than before).
　　　　(Unit 5)
　　　　(今，北極グマは (前よりも) 長い距離を泳がなきゃならない。)

<u>最上級</u>

　比較基準の形容詞・副詞の前に the をつけ，語尾に -est をつける。比較対象は of ／ in で表す。

I may not be <u>the</u> <u>smartest</u> person <u>in</u> the room, … (Unit 15)

（私はこの部屋の中で一番頭の良い人間ではないかもしれないが，…）

＊同じ人や物を比べる比較に注意しましょう。

John is not <u>as</u> young <u>as</u> he looks.

（ジョンは見た目ほど若くない）

My memory is not <u>as</u> good <u>as</u> it used to be.

（私の記憶力は以前ほどよくない）

The Pacific is <u>as</u> blue <u>as</u> it has been in my dreams.（Unit 11）

（太平洋は夢の中でずっとそうであったように青い）

Siri looks <u>better</u> in black than in red.

（シリは赤い服より黒い服の方がよく似合う）

Some things are best left unsaid. (Unit 9)

（ある物たちは語られないままにされるのが一番良い → 言わぬが花ってこともあるのさ）

──────────── 練 習 問 題 ────────────

（原級）

1. ケンは兄と同じくらいの身長だ。
2. ジェフはトムと同じくらいの速さのボールを投げる。
3. ヒョウの粒（the hailstones）はゴルフボールほど大きかった。

（比較級）

4. この本はあの本よりおもしろい。
5. フレッドはビルよりたくさんの本を持っている。
6. この時計はあの時計よりずっと高価だ。

（最上級）

7. メアリはみんなの中で一番背が高い。
8. サクラは授業で最もよいプレゼンテーションをした。
9. 私は家族の中で一番早く起きる。

Anne of Green Gables
『赤毛のアン』から②

── 曲がり角

あらすじ　大学進学のための奨学金を勝ちとった矢先，マシューが突然死に，マリラの目も衰弱してきたため，アンは進学せずに地元で教師をしながら今までどおりマリラと暮らすことに決めます。これは，アンが「道」になぞらえて人生を語る有名なラストシーンです。

ポイント　前の Unit で現在完了を学んだので，引き続きこの Unit では**過去完了**を学びます。一緒にやることで**時制**を体系的に理解することができます。

　Anne sat long at her window that night companioned by a glad content. The wind purred softly in the cherry boughs, and the mint breaths came up to her. The stars twinkled over **the pointed firs** in the **hollow** and **Diana's** light gleamed through the old gap.

　Anne's horizons **had closed** since the night she had sat there after coming home from **Queen's**; but if the path set before her feet **was to be** narrow she knew that flowers of quiet happiness would bloom along it. The joys of sincere work and worthy aspiration and congenial friendship **were to be** hers; nothing could rob her of her birthright of fancy or her ideal world of dreams. And there was always the bend in the road!

　" 'God's in His heaven, all's right with the world,'" whispered Anne softly.

The pointed firs	とがったモミの木。
hollow	アンの家の前庭のなだらかな傾斜を下りきったところ （＝くぼ地）
Diana's	Diana はアンの隣家に住む同級生の親友
had closed	過去完了（☞ Grammar 4 現在完了）
Queen's	クイーン学院。アンは寄宿舎に入って学んでいた。
was to be	（☞文法の復習）。
were to be	（同上）。

文法の復習　Be to do

　be to do の "be to" はひとつの助動詞と考えることもできます。やや改まった感じの言い方です。

1. 予定
The concert is to be held hits evening.
（コンサートは今夜開かれることになっている）

2. 義務・命令（=should）
You are to finish this homework by tomorrow morning.
（この宿題を明日の朝までに仕上げるんだよ）

3. 既定の事実・現実
The layer in question was not to be found anywhere in the surrounding region.
（問題の地層は周りの地域のどこにも見当たらなかった）

An Inconvenient Truth

『不都合な真実』から①

—— 北極グマの受難

> **あらすじ** The Arctic（北極）の氷が今，地球温暖化で急速に融けています。北極グマにとっても受難の時代です。
>
> **ポイント** **現在分詞・過去分詞**はそれぞれ文中でさまざまな機能を果たしています。共通する働きもあるのでここでまとめておきましょう。

The Arctic is a region **meant** to stay frozen all 365 days of the year. Yet **the ice cap** is melting quickly, in part because it is so thin, and also because it floats on water. The more it melts, the faster it melts.

This is a dangerous situation for all of us, because the Arctic ice cap plays a very crucial role in cooling the entire planet.

The North Polar ice cap began a fairly rapid **retreat** in the 1970s. This is bad news for polar bears, **which** travel from ice floe to ice floe hunting seals. Because so much ice has melted, the bears must now swim **longer distances**. For the first time, some polar bears are becoming exhausted and drowning before they reach the next ice floe.

meant	meanの過去分詞（☞ 文法の復習）
the ice cap	北極の氷のふた。北極を覆う氷のこと。the Arctic ice cap も，the North Polar ice cap も同じ。
retreat	後退，つまり氷河や氷の塊が溶けてその先端が退くことを指す。
…, which…	関係代名詞の非制限用法（☞ Grammar 5）
longer distances	比較級（☞ Unit 3）。Pattern Practice ③

文法の復習　分詞（現在分詞・過去分詞）の働き

過去分詞の４つの働き

① **現在完了**：have ＋ 過去分詞 → Grammar 4 参照
② **受動態（受け身）**：be 動詞＋過去分詞 ＝「〜される」
　(0) Ken called Yuki. （ケンはユウキを呼んだ）[能動態]

同じ内容を Yuki の立場から表現すると「ユウキはケンに**呼ばれた**」ことになります。これを英語で表現すると，
　(1) Yuki <u>was called</u> by Ken. [受動態]

となります。受動態は，伝える出来事（内容）は能動態と同じです。伝える目線（重点の置き方）が変わったのです。

　(2) A girl who <u>is told</u> repeatedly that she's no genius… (Unit 15)
　　　（天才ではないと繰り返し<u>言われる</u>少女は…）
　　　　　　＊実際はこのように，文脈でわかれば by 〜 は省略されます。

③ **名前なし**：動詞と**形容詞**の性質を兼ね備える。「〜される [名詞]」

The Arctic is [a region] <u>meant</u> to stay frozen all 365 days of the year.
　(Unit 5) （北極は一年 365 日ずっと凍ったままでいる<u>と考えられている</u> [地域]です）

　形容詞とは<u>名詞を修飾する</u>もので，この位置は言語によって異なります。英語，日本語などでは，形容詞は修飾される名詞の前にきますね
　(a <u>big</u>（形）-[box]（名），<u>大きい</u>（形）-[箱]（名））。
　フランス語，スペイン語などでは名詞のあとにきます
　([art]（名）-<u>nouveau</u>（形），[casa]（名）-<u>blanca</u>（形））。
　もう一度英文を見てください。英語では形容詞は名詞の前にくるはずなのに，ここでは後ろにきています。なぜですか？　実は，meant は単独で形容詞の働きをしているわけではなく，year までの 10 単語で 1 つの形容詞を形成しています。2 単語以上の形容詞は名詞の後ろに移動します。正確に書き直しましょう。

The Arctic is [a region] meant to stay frozen all 365 days of the year.
　（北極は<u>一年 365 日ずっと凍ったままでいると考えられている</u> [地域]です）

14

④ **分詞構文**：分詞で始まる句が**副詞**の働きをし，文に情報をつけ加える。

Anne sat long at her window that night (,) <u>companioned</u> by a glad content. (Unit4)
（アンはその夜，満足することの喜びに<u>伴われて</u>，窓辺に長いこと座っていた。）

ところが，分詞構文には次のようなものもあります。今まで見てきた分詞構文とどこが違いますか？

<u>I</u> stood still, <u>my whole attention</u> **fixed** upon the motions of her <u>fingers</u>. (Unit 14)
（私がじっと立ちつくす間，私の全注意は先生の指の動きに留まった）

今までは，<u>分詞の意味上の主語は文の主語と同じ</u>であると言ってきましたが，この文では，文の主語は I なのに，分詞の前には別の主語 <u>my whole attention</u> がついています。このような分詞構文は，分詞が文の主語に依存していないという意味で**独立分詞構文**と呼ばれますが，堅い表現で日常会話ではほとんど使われません。この文を元の文に戻すと，

I stood still, <u>while</u> my whole attention <u>was</u> **fixed** upon the motions of her fingers.

となり，副詞の働きをしていることに変わりありません。分詞構文である限り，文脈から判断して読み取ることが重要です。

─────────── 練 習 問 題 ───────────

次の各文の過去分詞の働きを①〜④から指摘したうえで，文を訳しなさい。
1. This castle was <u>built</u> in the 3rd century.
2. I've <u>known</u> her since she was just a kid.
3. What is the language <u>spoken</u> in Iran?
4. Badly <u>injured</u>, she couldn't walk.
5. The woman <u>dressed</u> in white is a famous actress.
6. <u>Persuaded</u> by his friends, Brutus made up his mind to kill Caesar.
7. What should I do to avoid being <u>hacked</u>?

現在分詞（〜ing）の４つの働き

① **動名詞**：動詞と**名詞**の性質を兼ね備える。

<u>Paying</u> attention to the environment doesn't mean 〜 . (Unit 6)
（環境に注意を払う<u>ということ</u>は〜を意味しているのではない。）

Would you mind <u>turning</u> off that radio, please? (Unit 1)
（ラジオを消してもらって構わないかしら？）

② **進行形**：be 動詞＋〜 ing ＝「…は〜している」。

Japanese companies like Toyota and Honda are <u>growing</u>. (Unit 6)
（トヨタやホンダのような日本の会社は成長<u>している</u>）

He had been <u>sleeping</u> exhausted in the grass on the hilltop. (Unit 13)
（彼は丘のてっぺんの草の中で疲れ果てて<u>眠っていた</u>）

③ **名前なし**：動詞と**形容詞**の性質を兼ね備える。「〜している／する名詞」

That <u>living</u> word awakened my soul. (Unit 14)
（その<u>生きた</u>言葉が私の魂を覚醒した）
＊単独なので通常の形容詞の位置（名詞の前）。
successful automobile companies building fuel-efficient cars… (Unit 6)
（燃費の良い車を作っている成功した自動車会社）
＊３単語で１つの形容詞を形成しているので名詞の後ろに移動します。

④ **分詞構文**：分詞で始まる句が**副詞**の働きをし，文に情報をつけ加える。

…polar bears … travel from ice floe to ice floe (,) <u>hunting seals</u>.

（北極グマたちは…<u>アザラシを狩りながら</u>，浮き氷から浮き氷へと移動する。）

＊この例のように，主語が別のことを同時にしていることを表すときは特に「付帯状況」と呼ばれ，文末に置かれることが多い。

「～しながら」と訳せる場合以外にも，次のような場合がある。いずれにしても，<u>分詞の意味上の主語は文の主語と同じである</u>と意識することが大事です。

<u>Growing up</u>, I heard the word *genius* a lot. (Unit 15)

（<u>成長すると</u>／<u>成長するにつれて</u>，私は天才という言葉をよく耳にした。）

The train left Abiko at seven, <u>arriving at Shinagawa at around eight</u>. （電車は 7 時に我孫子を出て，8 時ごろ品川に着いた。）

＊「～して，そして…」という連続した動作。

<u>Feeling very tired</u>, the traveler sat down in the shade to have a rest.

（<u>とても疲れを感じたので</u>，旅人は休もうと日陰に座った。）

＊「～なので」という原因・理由。

———————————————— 練 習 問 題 ————————————————

次の各文の現在分詞の働きを①～④から指摘したうえで，文を訳しなさい。

1. I received a very <u>interesting</u> email message today.
2. It was nice <u>talking</u> to you.
3. I always enjoy <u>cooking</u>.
4. "May I help you?" "No, thanks. I'm just <u>looking</u>."
5. In the teapot, pour <u>boiling</u> water over tea leaves, cover and brew 3 minutes.
6. My hobby is <u>playing</u> computer games.
7. While I was <u>driving</u> on a highway, my cell-phone rang.
8. There are many ways to say "no" without <u>being</u> rude.
9. He caught a man <u>stealing</u> something in the shop.
10. I'll be <u>waiting</u> for you at the gate after school tomorrow.

An Inconvenient Truth

Unit 6

『不都合な真実』から②

—— 低燃費の車を作っている国・日本

> **あらすじ** 環境に優しい車づくりで日本は世界をリードしています。
>
> **ポイント** 助動詞の様々な用法に着目します。(☞文法の復習)

Paying attention to the environment doesn't mean businesses **can't** make money. There are successful automobile companies building **fuel-efficient cars**. Unfortunately, they are not American companies. Japanese companies like Toyota and Honda are growing while U.S. auto companies like Ford and General Motors are in deep trouble.…They keep trying to sell large, inefficient **gas-guzzlers** even though fewer and fewer people are buying them.

And after California took steps to set higher **mileage standards** for cars sold there, what did U.S. car companies do? They sued.

can't	この can は許可の意味 (☞文法の復習)。
fuel-efficient cars	燃料効率 (の良い) 車。いわゆる燃費の良い車。
gas-guzzlers	ガソリンをがつがつ食う人 (ここでは車)。
mileage standards	(ガソリンの一定量当たりの) 燃費基準値。日本では「省エネ法」により, 車両重量ごとに平均燃費値が定められている。

文法の復習　助動詞

　助動詞は，話し手の確信の度合いや，主語の意志・能力・義務などを表すために本動詞の前につけます。主なものだけを次にあげます。これらは会話に不可欠ですから，用法をよく理解し，使えるようにしておきましょう。

現在形	過去形
can (= am / are / is able to) will shall may must （=have / has to）	could would should might ──── (had to / must have been で 　　　代用)

1. can の用法

-…Hidetoshi Nakata…can see what's happening ahead on the road even if he is looking to one side while driving. （中田は運転中たとえよそ見をしていても道路の前方で何が起きているかを見ることができる）　　　　　[能力]

-You **can** ski here. （ここならスキーができる）　　　　　　　　　　　[可能]

-Even the best doctors **can** make a mistake.　　　　　　　　　[可能性]
　（どんなに名医でもミスをすることはありうる）

-**Can** I smoke here？（ここでタバコを吸ってもいいですか）　　　　　　　[許可]
＊ May I smoke here? よりも会話的。

-**Can** I get you something to drink？（飲物をお持ちしましょうか）　　　[申し出]

-**Can** you help me with this work？（この仕事を手伝ってくれますか）　　[依頼]

2. could の用法

-When I was young, I **could** walk twenty kilometers in a day.　　　[能力]
　（若い頃は，私は1日に20キロは歩くことができた）

-Until a few years ago, anyone **could** enter the museum for free. [可能]
　（数年前までは，その博物館には誰でも無料で入れた）

＊ 上の2例は，[能力][可能] を表す "can" の単純な過去バージョンです。
　　このように過去のことであるということが明確にわかる場合は以外は，could
　　は避け，was able to を使うのが普通です。なぜなら could には [丁寧] や [仮
　　定法] などのニュアンスがあるからです。

-**Could** I speak to Mr. Smith, please？ [Can I より丁寧：過去の意味はない]
　（[電話で] スミスさんいらっしゃいますか）

-I **could** do it better myself. [if 節が省略された仮定法過去：過去の意味はない]
　（私ならもっと上手にできるのに）

3. will の用法

-I' ll be twenty next year. (来年20歳になります)　　　　　　　　[未来]

- "Would you help me with this work?" "Yes, I **will**."　　　　　[意志]
　（「この仕事を手伝っていただけますか」「ええ，いいですよ」）

-**Will** you open the window? (窓を開けてくれますか)　　　　　　[依頼]

＊丁寧な依頼ではないことに注意。軽い命令口調であると思っておいた方がよ
　い。please をつけても同じ。Would you / Could you を使うと丁寧。

4. would の用法

＊ could と同様, will の単純な過去バージョンのほかに, [丁寧] や [仮定法] [過
　　去の習慣] などのニュアンスがあります。

-Would you please check my English?　[Will you より**丁寧**：過去の意味はない]
　（英語をチェックしていただけませんか）

-I would appreciate it if you would answer my question. [**仮定法過去**：過去
　の意味はない] （私の質問にお答えいただけるとありがたいのですが）

-He would often call on me on Sundays. [**過去の習慣**]
　（彼はよく日曜日に私のところへ来たものだ）

5. may の用法

-"May we go out?" "Yes, you may go out and play baseball" 　　　［許可］
（「外へ出てもいいですか」「ええ，外へ出て野球をしてもいいよ」）

＊ can より形式ばった言い方。

-What I have planned may or may not actually happen. 　　　［推量］
（私が計画したことは実現するかもしれないし，しないかもしれない）

6. might の用法

＊ could や would と同様，may の単純な過去バージョンのほかに，［丁寧］［推
　量］などのニュアンスがあります。

-This medicine might make you drowsy. 　　　［推量：過去の意味はない］
（この薬は眠気を催させるかもしれない）

7. must の用法

-To be admitted to the exams, you must have a student identification
card. 　　　［義務］
（試験場に入れてもらうには，学生証を持ってこなければならない）

-You mustn't believe anything that man tells you. 　　　［禁止］
（あの男の言うことは何ひとつ信じてはいけない）

-He has been working all day, so he must be tired. 　　　［推量］
（彼は一日中働いているから，疲れているに違いない）

——————————————— 練 習 問 題 ———————————————

　次の各文の（　）内の語のうち，適切な方を選びなさい。

1. "May I come in ?" "Yes, you (can, will)."

2. I'm sorry but you (can't, won't) use a call phone in class.

3. Jane is late. She (can, must) have overslept.

4. "Could I use your CD player ?" "Yes, of course you (can, could)."

5. "May I visit you at your home on Sunday ?" "That (may, would) be nice."

6. "Would you help me with my Spanish lessons ?"
　 "I'm afraid I (mustn't, can't). I don't speak Spanish."

7. "Please give our regards to your parents." "Yes, certainly I (can, will)."

The Little Prince
『星の王子さま』から
—— キツネの珠玉のセリフ

あらすじ	小さな星に一人で暮らす王子さま。世話しているバラのわがままに嫌気がさし，ある日，星をあとに小惑星の巡歴の旅に出ます。最後にやってきた地球でキツネと出会い，「仲良くなる」ための3つの秘訣を教わります。
ポイント	英語学習の最初に学ぶ動詞はbe動詞です。改めて**第2文型**の全貌に迫ります。

"Good-bye," he [the little prince] said.

"Good-bye," said the fox. "Here is my secret. It's quite simple: One sees clearly only with the heart. **Anything essential is invisible to the eyes**."

"Anything essential is invisible to the eyes," the little prince repeated, in order to remember.

"**It's the time you spent on your rose that makes your rose so important**."

"It's the time I spent on my rose…," the little prince repeated, in order to remember.

"People have forgotten this truth," the fox said. "But you mustn't forget it. **You become responsible forever for what you've tamed**. You're responsible for your rose…"

Anything essential	大事なものは何でも。anythingは形容詞は後ろに従えます。something, nothing, everythingなども同様。形容詞の位置（☞ Unit 5 文法の復習 分詞の働き）。
It is ~ that…	強調構文（☞文法の復習1）。
You become …	第2文型（SVC）（☞文法の復習2）。
what	先行詞を含む関係代名詞（☞ Grammar 5）。

文法の復習1 〈It is ~ that …〉の強調構文

2つめの秘密 "It's the time…" は強調構文です。
次の文の A，B，C，D それぞれを強調してみましょう。
I bought some eggs at a nearby convenient store yesterday.
A　　　　　B　　　　　　　　C　　　　　　　　　D

A: **It was** I **that** [**who**] bought some eggs at a nearby convenience store yesterday.
　　（昨日近所のコンビニで卵を買ったのは私だった）
B: **It was** some eggs **that** I bought at a nearby convenience store yesterday.
　　（昨日私が近所のコンビニで買ったのは卵だった）
C: **It was** at a nearby convenience store **that** I bought some eggs yesterday.
　　（昨日私が卵を買ったのは近所のコンビニだった）
D: **It was** yesterday **that** I bought some eggs at a nearby convenience store.
　　（私が近所のコンビニで卵を買ったのは昨日だった）

本文の場合，
The time you spent on your rose makes your rose so important.
　　（あんたがバラにかけた時間のためにバラがあんたにとって大切なものになる）
の文の中の下線部を強調したのです。
→ **It is** the time you spent on your rose **that** makes your rose so important.
　　（あんたのバラがあんたにとって大切なものになるのは，バラのためにあんたがかけた時間のためだ）

———————————————— 練 習 問 題 ————————————————

強調構文を使い，次の各文の下線部を強調する文を作りましょう。
1. I began to study Japanese not until I came to Japan.
　　（私は来日してから日本語を勉強し始めた）
2. I saw Ken by chance in Disney Sea yesterday.
　　（私は昨日ディスニーシーでケンにばったり会った）

文法の復習2　第2文型（SVC）

　3つめの秘密 "You become responsible…" は第**2文型 SVC** です。be 動詞が，be 動詞の代わりになることのできる特殊な一般動詞（ここでは become）に代わっても，文型は SVC のままなのです。

1. まず「5文型」（Grammar 1）をよく読み，英語の文型という概念を理解することが基本です。その中で第2文型と第3文型は最も大切です。
2. Pattern Practice ④で口頭練習してみましょう。
3. 次の練習問題もやってみましょう。書いたら声に出して言ってみることがとても大切です。

─────── 練 習 問 題 ───────

S	V	C	
It	is	cold.	寒い（状態）
	（　　）		寒くなる（状態の変化）
My dreams	are	true.	夢は実現した（状態）
	（　　）		夢は実現する（状態の変化）
Leaves	are	red & yellow.	木の葉は紅葉している（状態）
	（　　　）		木の葉は紅葉する（状態の変化）
She	is	a fine teacher.	彼女は良い教師だ（事実）
	（　　）		彼女は良い教師になる（変化）
The Arctic	is	frozen.	北極は凍っている（状態）
	（　　）		北極は凍ったままだ（状態の継続）
He	is	silent.	彼は黙っている（状態）
	（　　）		彼は黙ったままだ（状態の継続）
He	is	young.	彼は若い（事実）
	（　　）		彼は若く見える（主観）

Alice's Adventures in Wonderland
『アリス・イン・ワンダーランド』から
── ばかげたティーパーティ

あらすじ　こんなダジャレばかりの「ナンセンス文学」が150年も前に書かれたなんて信じられますか？ 有名な章 'A Mad Tea-Party'（ばかげたティーパーティー）の冒頭部分です。

ポイント　**前置詞**は主役になることはありませんが，あなどれません。位置関係を示す前置詞を中心に復習します。また，数えられる／られないという観点から**名詞**に着目してみましょう。

There was a table set out **under** a tree **in front of** the house, and the March Hare and the Hatter were having tea at it: ….

The table was a large one, but the three were all crowded together at one corner of it. "No room! No room!" they cried out when they **saw** Alice coming.

"There's plenty of room!" said Alice indignantly, and she sat down in a large arm-chair at one end of the table.

"Have some **wine**," the March Hare said in an encouraging tone.

Alice looked all round the table, but there was nothing on it **but** tea. "I don't see any wine," she remarked.

"There isn't any," said the March Hare.

"Then it wasn't very civil of you to offer it," said Alice angrily.

under… in front of…	位置関係を示す前置詞（☞文法の復習1）。
saw	知覚動詞（☞ Unit 12）。
wine	数えられない名詞（☞文法の復習2）。
but	＝ except

文法の復習1　さまざまな前置詞

位置関係を示す前置詞

　まず1行目の "There was a table set <u>out</u> <u>under a tree</u> <u>in front of the house</u>." という文を見てください。

　少し長い文ですが，基本は "There is a table."（テーブルがある）です。中学1年で出てきた "There is / are" 構文ですね。それがどこにあるかを示す修飾語句が，付帯状況 set に導かれて<u>3つ</u>続きます。

　① 1つ目は <u>out</u>（副詞）で「外」にあります。

　② 2つ目は **under** a tree（前置詞句）で「木の下に」あります。

　③ 3つ目は **in front of** the house（前置詞句）で「家の前に」あります。

3つまとめれば「テーブルがひとつ<u>家の外の前庭の木の下に</u> 置いてある」わけです。

Place
PREPOSITIONS

ON　　OVER　　IN FRONT OF

IN　　UNDER　　BEHIND

AMONG

NEXT TO　　BETWEEN

イラストを見て教室内のさまざまな物や人の位置関係を話してみましょう。

［物の場合］

A: Where's a_____?

B: It's / They're <u>前置詞</u>_____.

［人の場合］ ＊衣服／髪型を使って表現する。

A: Where's a boy / girl ⌈in a<u>　色　</u>　<u>衣服</u>　sitting?

　　　　　　　　　　　　⌊with 　<u>　髪型　</u>　sitting?

B: He / She is sitting <u>前置詞</u> a boy / girl ⌈in a <u>　色</u>　<u>衣服</u>　.

　　　　　　　　　　　　　　　　　　　　　　⌊with the <u>　髪型　</u>.

着用を示す in と所有を示す with

〈服装〉

in a ⌈ red（赤い）　⌈ striped（たて縞の）　　　⌈ sweater（セーター）
　　　│ など色　　　│ bordered（横縞の）　　　│ shirt（シャツ）
　　　│　　　　　　│ polka-dotted（水玉の）　　│ T-shirt（Tシャツ）
　　　│　　　　　　│ dotted（ドット柄の）　　　│ jacket（ジャケット）
　　　│　　　　　　│ long-sleeved（長袖の）　　│ parka（パーカー）
　　　│　　　　　　│ half-sleeved（半袖の）　　│ vest（ベスト）
　　　│　　　　　　│　　　　　　　　　　　　　│ pants（パンツ）
　　　⌊　　　　　　⌊　　　　　　　　　　　　　⌊ shoes（靴）

〈髪型〉

with black long hair（長い黒髪）
　　　brown short hair（茶色のショートヘア）
　　　curly hair（カーリーヘア）
　　　a ponytail（ポニーテイル）など

文法の復習2　数られない名詞

　wine など数えられない名詞はふつう単数扱い（つまり複数形にできない）で，冠詞もつけません。apple（数えられる名詞）と wine（数えられない名詞）がそれぞれたくさんある場合を例にとり，比べてみましょう。

There **are**	many	a lot of / lots of / plenty of	apple**s**. （りんごがたくさんあります）
There **is**	much		wine. （ワインがたくさんあります）

＊数えられない名詞には，特に量を問題にしないときは，some をつけると英語らしくなります。

〈『魔女の宅急便』のセリフから〉

Kiki: I'll make you <u>some</u> **tea**.

Ursula: No **tea**, thanks, but <u>some</u> **milk** if you have any.

＊ if you have any の発音は，[hǽv] の [v] と [ɛni] の [ɛ] がつながるため，「イフ・ユー・ハーヴェニー」のようになります。

キキ：紅茶入れるね。

アーシュラ：紅茶はいらない，あったらミルクちょうだい。

📖 ペアプラクティス

A: I'll make [bring] you some＿＿＿＿.

B: No＿＿＿, thanks, but some＿＿＿＿if you have any.

〈数えられない名詞：飲み物〉

coffee / hot chocolate / green tea / orange juice / iced tea / wine など

では，Pattern Practice ⑤で口頭練習してみましょう。

The Shawshank Redemption
『ショーシャンクの空に』から①
—— モーツァルトの救い

あらすじ	アンディーは妻殺しの冤罪でショーシャンク刑務所に囚われている教養ある元銀行マンです。彼は刑務所の図書館を拡張してもらうため，6年間，週1回州議会に手紙を書いて直接予算を請求し続けました。ついに根負けした州議会が中古の本やレコードを何箱も刑務所に送りつけてきたのです。アンディーがその中に見つけたものは…。原作のタイトル "Redemption" はキリストによる救いを指しますが，これはアンディーが懲罰を覚悟して囚人たちに施した救いのひとつです。
ポイント	4つある**使役動詞**のうち make が2度使われています。次の Unit には **let** もでてきますから，ここで4つすべてを比較対照しながら学びます。

Wiley : Good for you, Andy.
Andy : Wow, it only took six years. From now on, I'll write two letters a week instead of one.

送られてきた箱の中には本といっしょに中古のレコードが入っていた。中の1枚がモーツアルトの『フィガロの結婚』だった。アンディーは，看守ワイリーをトイレに閉じ込め，看守室を施錠する。レコードをかけ，マイクを通して刑務所中にモーツアルトを流す。

Red : I have no idea to this day what **them** two Italian ladies were singin' about. Truth is, I don't want to know. Some things are **best** left unsaid.
I like to think they were singin' about something so beautiful it can't be expressed in words, and **makes** your heart ache because of it.

Red : I tell you, those voices soared. Higher and farther than anybody in a gray place dares to dream. It was like some beautiful bird flapped into our drab little cage and **made** these walls dissolve away…and for the briefest of moments — every last man at Shawshank felt free.

them	=they
best	ふつうは the best（最上級）だが，同じ物・人の中での性質や状況を比較する場合はしばしば the が省かれる（☞ Unit 3 比較）。
it	that/which
makes	使役動詞（☞ 文法の復習）

文法の復習　使役動詞

「O に〜させる」という意味を表す動詞を**使役動詞**といい，make, let, get, have の4つあります。

① **make**：（強制的に）〜させる
〈make + 目的語 + 動詞の原形〉
　…they were singin' about something (that) **makes** your heart ache…
　　　　　　　　　　　　　　　　　　　　　　　　　　　　　O　　　　動詞原形

（彼女たちは君の胸をキューンとさせるような何かについて歌っている…）

　It…**made** these walls dissolve away…
　　　　　　　　　O　　　　動詞原形

（それ（彼女たちの歌声）はこの（刑務所の）壁を溶かしてしまった…）

② **let**：（本人が望んでいることを許可を与えて）〜させてやる
〈let + 目的語 + 動詞の原形〉
　So, **let** you tote that record player down there, huh? (Unit 10)
　　　　　　O　動詞原形

（じゃ，彼らは君がレコードプレーヤーを穴蔵に持ち込むことを許したんだね）

③ **have**：（役割上当然すべきことを指示して（プロに頼むことも含み））〜させる／してもらう
〈have + 目的語 + 動詞の原形〉
　I'll **have** my son pack up your things.
　　　　　　O　　　動詞原形

（息子にあなたのものを荷造りさせましょう）

〈have ＋ 目的語 ＋ 現在分詞〉

I won't **have** <u>you</u> <u>insulting</u> my father.
　　　　　　　　　O　　　現在分詞

（あなたに父を侮辱などさせません）

〈have ＋ 目的語 ＋ 過去分詞〉

I must **have** <u>my car</u> <u>repaired</u> by Monday.
　　　　　　　　O　　　過去分詞

（月曜日までに車を修理してもらわなければならない）

④ **get** ：（説得などして／時間をかけて）〜させる
〈get ＋ 目的語 ＋ to 不定詞〉

How can I **get** <u>him</u> <u>to quit</u> smoking ？
　　　　　　　　O　to 不定詞

（どうしたら彼に喫煙をやめさせることができるだろうか）

――――――――――――――――― 練 習 問 題 ―――――――――――――

I. 次の各文の （ ） 内の語のうち，適切な方を選びなさい。

1. Her parents won't (make, let) her go out with her boyfriend.

2. Since this medicine (makes, lets) me feel sleepy, I'll never take it before driving.

3. They had to (make, get) him to change his original plan.

II. 次の各日本語を使役動詞を使って英語にしなさい。

4. 母は私に部屋を掃除させた。

5. 彼は娘を留学させてやった。

6. デイヴは秘書にニューヨーク行きの便を予約させた。

The Shawshank Redemption
『ショーシャンクの空に』から②
—— 希望を否定するレッド

> **あらすじ** アンディーは，モーツァルトを刑務所中に流した (Unit 9) 罰として "the hole (穴蔵)" と囚人たちから恐れられているまっ暗な地下牢に1週間入れられました。これは1週間後に出て来た場面です。モーツァルトのレコードを取り上げられても心に刻まれた音楽—つまり希望—だけは看守にも取り上げることはできません。しかし長年刑務所で過ごしてきたレッドは…
>
> **ポイント** 関係代名詞・関係副詞を理解しましょう

Ernie　：Actually, a week in the hole is like a year.

Jiggere：Damn straight.

Andy　：I had Mr. Mozart to keep **me** company.

Floyd　：So, **they let** you tote that record player **down there**, huh?

Andy　：〔胸と頭をたたき〕It was in here…and in here. That's the beauty of music. They can't get that from you. Haven't you ever felt that way about music?

Red　　：I played a mean harmonica as a younger man. Lost interest in it though, didn't much sense in here.

Andy　：Here's **where** it makes the most sense. You need it **so** you don't forget.

Red　　：forget?

Andy　： Forget that there are places in the world **that** aren't made out of stone.
That there's something inside that they can't get to, that they can't touch. That's yours.

Red　： What are you talking about?

Andy　： Hope.

Red　： Hope. **Let** me tell you something, my friend. Hope is a dangerous thing.
Hope can drive a man insane. It's got no use on the inside. You'**d better** get used to that idea.

me	=my
they	看守たちを指す。
let	使役動詞（☞ Unit 9）
down there	（下の）そこ。つまり地下牢。
where	関係副詞（☞ Grammar 5 関係詞）
so	so that（〜するように）
that	関係代名詞（☞ Grammar 5 関係詞）
'd better	=had better（☞便利な表現）

便利な表現　had better「（相手に対して）しなさい」,「（自分に対して）〜しなきゃ」

　辞書にはいまだに「〜した方がよい」と書かれているためアドバイスと勘違いして使う人がいますが，**had better** は相手に対する命令文と考えてください。つまり you を主語にこれを使う状況は限られてきます。
　① 親が子供に対して
　② 教師が生徒に対して
　③ Andy と red のように親しい友人同士で
＊会話で You had better は You'd better になり, 軽い発音の 'd は落ちて You better…. となる。さらに you も落ちて Better…になることもある。

逆に会話に便利なのは「〜しなきゃ」という I ／ we を主語にして使う表現です。

　We'**d better** walk faster.（もっと早く歩かなきゃ）（『となりのトトロ』）
　It's getting dark. I'**d better** go now.（暗くなってきた。もう帰らなきゃ）

Unit

11

The Shawshank Redemption
『ショーシャンクの空に』から③
―― 希望を抱いて

あらすじ	仮釈放されたレッドが，先に脱獄に成功していたアンディーとの約束の地・ジワタネホ（メキシコ）へ向かうラストシーン。かつて獄中でアンディーが熱く語っていた "hope"（Unit10）。その時は否定的だった hope を，自身の内に見いだし繰り返すレッドのセリフが印象的です。
ポイント	**関係代名詞の省略**に慣れましょう（☞ Grammar 5 関係詞）。原級の復習もします（☞ Unit 4 比較）。

Red : For the second time in my life, I am guilty of committing a crime.

Red : **Parole violation.** 'Course I doubt they'll **toss up any roadblocks** for that.
Not for an old crook like me.

Red : **Fort Hancock, Texas, please.**

長距離バスの車窓から見える風景。

Red : I find I'm so excited I can **barely** sit still or hold a thought in my head.
I think it's the excitement only a free man can feel, a free man at the start of a long journey whose conclusion is uncertain…

Red : I hope I can **make it** across the border.

Red : I hope to see my friend and shake his hand.

Red : I hope the Pacific is as blue as it has been in my dreams.

Red : I hope.

Parole violation	paroleは仮釈放, violationは法や規則を破ること, 違反。
toss up any roadblocks	(行く手を遮るために) 通行禁止の柵を積み上げる
Fort Hancock, Texas, please.	(長距離バスのチケット売場で)「テキサス州フォートハンコックまでお願いします」。フォートハンコックは国境の町。この検問を無事通過しなければメキシコのジワタネホへは行けない。
barely	=scarcely (ほとんど~ない) 否定語 (☞文法の復習)。文全体は so…that ~の構文 (ただし that は省略されている)。
make it	(口) うまくやり遂げる／成功する (make it to the train 列車に間に合う, make it through college 大学を卒業する)。

文法の復習　否定語

　否定語といえば誰でも知っている not, never, no 以外に, ここで使われている **barely** のような<u>弱い否定を表す副詞</u>がよく使われます。<u>弱い否定を表す形容詞</u>も一緒にまとめておきましょう。

弱い否定を表す副詞

(1) For about three hours we **hardly** / **scarcely** spoke a word to each other.
　　(約3時間の間, 私たちはお互いにほとんど一言も発しなかった)
　　There were **hardly** / **scarcely** any seats left when we arrived.
　　(私たちが着いたとき, ほとんど空席はなかった)

(2) I **hardly ever** / **rarely** / **seldom** use my car on weekdays.　[頻度]
　　(私は平日には自分の車をめったに使いません)
　　Japanese parents **hardly ever** / **rarely** / **seldom** go out to dinner together without their children.　　　　　　　　　　　[頻度]
　　(日本の親は, 子供を連れないで2人だけで食事に出かけることはめったにない)

弱い否定を表す形容詞 (副詞)

　数えられる名詞には **few**, 数えられない名詞には **little** を使います。
　☞ Unit 8 文法の復習2「数えられる／られない名詞」

(1) She has **few** fault<u>s</u>. (彼女にはほとんど欠点がない)
　　The club has **few** member<u>s</u> and almost no political power.
　　(そのクラブにはメンバーがあまりおらず, 政治力はほとんどない)

(2) He paid **little** attention to the fact.
　　　（彼はその事実にほとんど注意を払わなかった）

　　I know very **little** about modern painting.（副詞）
　　　（現代絵画についてはほとんど知らない）

＊ただし，**a few** / **a little** は「少しはある」という肯定的な意味なので注意。
　There are **a few** eggs and some vegetables in the fridge. You don't need
　to go shopping.（冷蔵庫に卵と野菜が少しある。買い物に行く必要はない）

　We need **a little** milk to make this cake.
　（このケーキを作るのに牛乳が少し要る）

―――――――――――――― 練 習 問 題 ――――――――――――――

1.　私は授業中ケンを当てた（call on）が，彼の声はほとんど聞こえなかった。
2.　彼はめったに遅刻しない。
3.　私はめったにテレビを見ない。
4.　そこはめったに雨が降らない。
5.　彼が病気だったことを知っている友人はほとんどいない。
6.　冷蔵庫には食べ物はほとんど入っていなかった。
7.　彼は裕福だがほとんどお金を使わない。（副詞として）

では，Pattern Practice ⑥で口頭練習してみましょう。

Unit 12

Katherine Mansfield's poem "*Little Brother's Secret*"
「弟の秘密」から
—— 弟からの誕生日プレゼント

> **あらすじ** 短編作家キャサリン・マンスフィールドの詩（抜粋）を読んでみましょう。"詩は苦手"と言わずとにかく読んでみてください。
>
> **ポイント** こんなにかわいい弟がいるなんて！
> **知覚動詞**を復習します。また，動詞の独特のルール**時制の一致**を学びます。

When my birthday was coming

Little Brother had a secret :

He kept it for days and days

And I woke up and **heard** him crying :

Then he told me.

"I planted two **lumps** of sugar in your garden

Because you love it so **frightfully**

I **thought** there **would** be a whole sugar tree for your birthday,

O the darling !

heard	知覚動詞（☞文法の復習1）。
lumps	lump はイギリス英語で角砂糖（1 個）。
frightfully	（やや古い強意語の副詞）すごく。直前の so は副詞・形容詞を修飾する強意の副詞。（例）Thank you <u>so</u> <u>much</u>.
I <u>thought</u> there <u>would</u> be⋯	この would は時制の一致による単なる過去形で，仮定法などのニュアンスはまったく持ち合わせていない（☞助動詞（Unit 6）），時制の一致（☞文法の復習2）（☞Pattern Practice）。

文法の復習1　知覚動詞

「O が〜する［している］のを見る［聞く］」などの意味を表す動詞を知覚動詞といいます。

① **see, watch** など。

I **saw** <u>him</u> <u>run</u> up the stairs.（彼が階段を駆け上がるのを見た）
　　　　　 O　 動詞原形

⋯they cried out when they **saw** <u>Alice</u> <u>coming.</u> (Unit 8)
　　　　　　　　　　　　　　 O　　 現在分詞

（アリスがやってくるのを見たとき彼らは叫んだ）

② **hear, listen to** など。

I **heard** <u>Mary</u> <u>playing</u> the piano.（メアリーがピアノを弾いているのが聞こえた）
　　　　　 O　 現在分詞

I didn't **hear** <u>my name</u> <u>called</u>.（自分の名前が呼ばれたのが聞こえなかった）
　　　　　　　　 O　　 過去分詞

───────────── 練 習 問 題 ─────────────

1. サイレン（a siren）が鳴っているのが聞こえる。人々が走って行くのが見える。
2. 私は河口でイルカがボートを追跡しているところを見た。
3. 私は家が揺れるのを感じた。

文法の復習 2　時制の一致

　主節の動詞が過去形のとき，従属節（that 節）の動詞もそれに合わせて過去形にします。これを時制の一致といいます。

　チャーリー・ブラウンのセリフを例にとってみてみましょう。

I <u>thought</u> for sure she <u>was</u> going to call on me.
　（先生はぜったい僕を<u>あてる</u>と<u>思った</u>んだ）

と，子どもでも普通に使います。日本人はなぜこのルールを厄介と感じるのでしょう。

　チャーリー・ブラウンのセリフをもう一度見てください。英語は，過去形 thought に合わせて is が was になっているのに対して，日本語のほうは「思った」が過去形なのに「あてる」が現在形のままですね。**日本語には時制の一致のルールは存在しない**のです。母国語にない概念を獲得するには時間がかかります。でも，そうとわかれば，あとは意識的に練習するのみです。

　会話でよく使う "I thought (that) …" や "I knew (that) …" のパターンを練習しておきましょう（Pattern Practice ⑦）。

＊ネイティブスピーカーの会話で時制の一致をしない場合もあり，問題なく通じますが，基本は身につけておいた方が良いでしょう。

Milky Way Railroad

『銀河鉄道の夜』から

—— 夢の終わり

あらすじ	ふたりの少年が銀河鉄道に乗って四次元への不思議な旅にでる宮沢賢治の名作です。これは，その不思議な夢から覚める場面です。
ポイント	if 節のない仮定法，先行詞を含む関係代名詞，過去完了など，基本の応用編とも言うべき文法がつまっています。

"Ah—that's the Coal Sack. It's the hole in the sky!" …. Beyond on the heavenly river, a great black emptiness opened out….

"I **wouldn't** be afraid in a big dark place like that anymore," Giovanni said. "I'**d** go **looking in there for** what would make people happy. You and me—together to the end!"

"Together!" echoed Campanella….

"Campanella, we'll stick together, right?" Giovanni turned as he spoke and …in the seat where Campanella **had been** sitting until now, there was no Campanella, only the dark green velvet seat.

Giovanni burst into tears and everything went black….

Giovanni opened his eyes. He **had been** sleeping exhausted in the grass on the hilltop….

The Milky Way, where he himself **had just been** in a dream, was spread out the same as before, white and dimly visible in the distance….

wouldn't	If 節のない仮定法 (☞ Grammar 6)。
'd = would	if 節のない仮定法 (同上)。
looking in there for	look for のあいだに in there が割り込んでいる。look for の目的語は what would make people happy (what は先行詞を含む関係代名詞→ Grammar 5)。
had been sitting…	過去完了 (☞ Grammar 4)。
had been sleeping…	過去完了 (同上)。
had just been	過去完了 (同上)。

Helen Keller — *The Story of My Life*

『ヘレン・ケラーの自伝』から

── 物にはすべて名前がある

あらすじ	見えない／聞こえない／話せない。でも決して自分の人生をあきらめなかったヘレン・ケラーの自伝から，物にはすべて名前があることを電撃的に悟った感動的な場面を読みましょう。
ポイント	独立分詞構文が使われています。基本の**分詞構文**を復習しながら学びましょう。

We walked down the path to the well-house. Some one was drawing water and **my teacher** placed my hand under the **spout**. As the cool stream gushed over one hand she spelled into **the other** the word water, first slowly, then rapidly. I stood still, my whole attention **fixed** upon the motions of her fingers⋯. I knew then that "w-a-t-e-r" meant the wonderful cool something that was flowing over my hand. That living word awakened my soul, gave it light, hope, joy, set it free!

Everything had a name, and each name gave birth to a new thought. **As** we returned to the house every object which I touched seemed to quiver with life.

my teacher	サリバン先生のこと。
spout	放出口からほとばしる水。
the other (hand)	もう一方の手の中に綴る。直前の one hand は不定代名詞 one により（左右どちらでもよい）一方の手を指したのに対し，the other (hand) は定冠詞 the により残った方の手に限定される。
, ⋯fixed⋯	独立分詞構文（☞ Unit 5 分詞の働き）。
As	ここでは接続詞。4つの違う意味があり文脈で判断します（☞文法の復習）。

文法の復習　As

　As には前置詞，接続詞，副詞，代名詞の働きがあり，特に前置詞と接続詞を見分けることが大事です。

前置詞 She has worked **as** <u>a hospital nurse</u> here for five years.
　　　（彼女はここで看護師として５年働いた）

接続詞 The phone rang just **as** <u>I was leaving</u>.
　　　（出かけようとしていたちょうどその時電話が鳴った）

　接続詞とわかったら,次の４つの異なる意味のどれなのかを文脈で判断します。

接続詞 as

　接続詞 as にはいくつかの違う意味があり，文脈で判断します。次の４つを覚えておけば会話に便利です。

1．[時] ～しながら, ～するとき
　Everyone stood up as the judge entered the courtroom.
　（裁判官が入廷するときだれもが立ち上がった）

2．[比例] ～するにつれて
　As the sun rose, the fog dispersed gradually.
　（太陽がのぼるにつれて霧が徐々に晴れた）

3．[様態・比較] ～のように
　Do the work as you were told.
　（その仕事は, 言われたとおりにしなさい）

4．[原因・理由] ～なので　＊ because, since よりやや改まった感じ。
　I didn't take any pictures, as it was getting dark.
　（暗くなってきたので, 私は１枚も写真を撮らなかった）

―――――――――――――――――― 練 習 問 題 ――――――――――――――――――

　次の各文の as は前置詞ですか，接続詞ですか。接続詞の場合，上の何番ですか。次に，訳してみましょう。

1．As parents we are concerned for our children's future.
　　　　　詞：訳_____

2．As the music played, Dave started to feel relaxed.
　　　　　詞：訳_____

3．Jennifer couldn't change the plan as she had a very important appointment with a publisher.
　　　　　詞：訳_____

4．Just as Mary was speaking, there was a loud explosion.
　　　　　詞：訳_____

5．She sang as she walked down the hall.
　　　　　詞：訳_____

6．Take things as they are.
　　　　　詞：訳_____

7. This box will serve as a table.
　　　　　詞：訳_____

Grit

『やり抜く力』から

—— 天才とは？

> **あらすじ** 2016年にアメリカで出版され，ベストセラーになった本です。日本でも『やり抜く力』として翻訳され話題になりました。
>
> **ポイント** ここまで復習してきた基礎文法が満載の文章です。新出のIt…who ～の強調構文以外あえて注釈はつけません。1年間の学習成果を試すつもりで読んでみましょう。

Growing up, I heard the word *genius* a lot.

It was always my dad **who** brought it up. "You know, you're no genius!"

I don't remember how I responded. Maybe I pretended not to hear.

My dad's thoughts turned frequently to genius, talent, and who had more than whom. He was deeply concerned with how smart he was. He was deeply concerned with how smart his family was.

Two years ago, I was fortunate enough to be awarded a MacArthur Fellowship, sometimes called the "genius grant." A girl who is told repeatedly that she's no genius ends up winning an award for being one. The award goes to her because she has discovered that what we eventually accomplish may depend more on our passion and perseverance than on our innate talent.

The morning the MacArthur was announced, I walked over to my parents' apartment⋯, my dad turned to me and said, "I'm proud of you."

I had so much to say in response, but instead I just said, "Thanks, Dad."

Still, part of me wanted to travel back in time to when I was a young girl. I'd tell him what I know now.

I would say, "Dad, you say I'm no genius. I won't argue with that. You know plenty of people who are smarter than I am."

"But let me tell you something. I'm going to grow up to love my work as much as you love yours. I won't just have a job; I'll have a calling. I'll challenge myself every day. When I get knocked down, I'll get back up. I may not be the smartest person in the room, but I'll strive to be the grittiest.

And if he was still listening: "In the long run, Dad, grit may matter more than talent."

It⋯who〜	強調構文 (☞ Unit 5)。

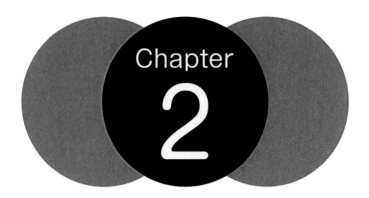

Chapter 2

文　　法

Grammar 1

５ 文 型

　英語の文型（建物の構造と考えるといいでしょう）には５種類あるという**５文型**の理論はかなり古いものです。しかし，英語の文の構築（いわば建築様式）をわずか５パターンで説明する画期的な理論であり，今でもほとんどの英語教師が授業で用いています。５文型を理解すれば，長文も正確に読解することが可能です。

（1）**You become responsible.** (Unit 7)

　例文（1）は第２文型です。第２文型とは，"This is a pen" や "His name is Ken" のように **be 動詞**を使って状態や事実を述べる文です。これが日常もっともよく使われる形であることは，英語のテキストの最初の例文が昔から変わらずこの第２文型であることからもわかります。この文型の特徴は S＝C（＊C は補語）です。

（0）**You are responsible**. (SVC)（あなたに責任がある）
（1）**You become responsible**. (SVC)（あなたに責任がかかってくる）
　（0）の **be 動詞**の代わりに，**be 動詞の代わりになることのできる特殊な一般動詞**が使われ，ちょっとしたニュアンスが加わります。ほかによく使われるものに get, turn, come, go, make, keep, remain, stand, stay, seem, look, sound, taste, smell, feel などがあります。第２文型のままであることは，依然として S＝C であることで証明できます。

　では，５つ全体を見てみましょう。その中でこの第２文型がどんな位置にあるのかが理解できれば，英語の本質にかなり近づいたと言えるでしょう。

文　型	S 主語	V 動詞	O 目的語（〜に）	O 目的語（〜を）	C 補語
第　1	Sun	rises.			
第　2	The sky	is			blue.
第　3	Bill	ate		a big breakfast.	
第　4	My friend	gave	me	her old PC.	
第　5	Her smile	makes		me	happy.

5つの文型をよく見てください。ここから何が言えますか？

1.　英語は必ず**主語（S）**から始めます。 主語がなくてもよい日本語に慣れた日本人には実は大きな難関です。たとえば「8時です」「今日は天気がいい」など，時刻／天候を決めている主体はないはずなのに，仮にでも主語を言わないと文が始まらないのが英語です。だから仮の主語 it を使って "It's eight o'clock now." "It is fine today." と言わなければならないのです。

2.　英語は主語の次に必ず**動詞（V）**がきます。動詞には<u>2つのタイプ</u>があります。<u>be 動詞</u>と<u>それ以外の動詞</u>(<u>一般動詞</u>)です。どちらか一方を必ず使います。両方は使えません。どちらのタイプの動詞を使うかによって否定文／疑問文の作り方も違ってくるので，ここで再確認しておくことが大切です。

3.　英語は動詞のあとにたいてい何かをつけます。では何を？　**補語（C）**と**目的語（O）**しかありません。

4.　一般動詞を使う場合は，それが自動詞であれば目的語は要りません。他動詞であれば**目的語（O）**が必要です（☞ Grammar2）。それが第3文型です。第2と第3文型の違いは，簡単に言えば，be 動詞を使って事実や状態などを表す（何がどうである）のが第2文型，一般動詞を使って動作を表す（誰が何をどうした）のが第3文型です。

5.　第4と5文型は特殊な文型で，特殊な動詞にしか作れませんから，それらの動詞を覚えてしまえばいいのです。

つまり，**最重要は第2文型と第3文型**だということです。

さて，ここまでの説明で「5文型」はわかったかもしれません。
でも，なぜ5つの文型がそんなに大事なのでしょう？
では，日本語には文型はいくつありますか？　考えたことはありますか？
実は，日本語には文型はないのです！

　（例）私は，彼に，この本を，あげる。
　　　　私は，この本を，彼に，あげる。
　　　　私はあげる，この本を，彼に。
　　　　彼にあげる，私は，この本を。

　こうして語順を変えても同じ意味が伝わります。これが日本語の柔軟さです。
でも，なぜ語順を変えても問題が起こらないのか？　再び例文を見てください。

　（例）私<u>は</u>，彼<u>に</u>，この本<u>を</u>，あげる。
　　　　私<u>は</u>，この本<u>を</u>，彼<u>に</u>，あげる。

　主語［私］には<u>主語であることを示すマーカー</u>（<u>は</u>）が，間接目的語［彼］に
は<u>間接目的語を示すマーカー</u>（<u>に</u>）が，直接目的語［この本］には<u>直接目的語を
示すマーカー</u>（<u>を</u>）がついています。だから語順は関係ないのです。
　それに対して英語にはこうしたマーカーはついていません（人称代名詞だけは格
の変化がかろうじてマーカーと言えます）。ではどうやって直接目的語であることを
示すのか？　語順です。**語を並べる順番**に意味があるのです，英語は。だから，

　（例）Bill – ate – a big breakfast.

と並べるだけで Bill は主語に，a big breakfast は直接目的語になります。もし，

　（例）A big breakfast – ate – Bill

と並べ換えるだけで意味不明な文ができてしまいます。もちろん日本語にならできます（朝食を，いっぱい食べた，ビルは）。

　こうして英語では，語順を定めた５つの定型（５文型）にのせなければなりません。言い方を変えれば５文型どおり語を並べれば意味が伝わるということです。

自動詞と他動詞

品詞の説明から始めましょう。単語はその形態や機能によって<u>10 種類の品詞</u>に分類されています。すなわち**動詞，助動詞，名詞，冠詞，代名詞，形容詞，副詞，接続詞，前置詞，間投詞**です。ひとつの単語がひとつの品詞であることはまれで，ふつう単語はいくつかの品詞の働きを兼ねています。たとえば like を例にとると，

I *like* comics. （私は漫画が好きです）**動詞**
It tastes *like* apples. （りんごのような味がする）**前置詞**

品詞を見分けないと辞書が引けないのです。そして，それが**動詞**とわかったら，初めて**自動詞**か**他動詞**かを見分ける作業に入ります。

目的語を必要としない動詞を**自動詞**，必要とする動詞を**他動詞**と言います。
（＊**目的語**とは動詞の直後につく<u>名詞</u>で，日本語に訳した時たいてい "〜を" になる要素のこと）どちらか一方の働きしかなければ手間は省けますが，両方の機能を持ち合わせている動詞が圧倒的に多いのです。辞書を見れば明らかですね。
また，文型という側面から言えば，**自動詞**を使えば必然的に SV（第 1 文型）になり，**他動詞**を使えば必然的に SVO（第 3 文型）になるということです。
では，実際に問題を解きながら確認しましょう。

────────────── 練 習 問 題 ──────────────

※必ず辞書を使ってやりましょう。（あなたの使用している辞書名：＿＿＿＿＿＿＿＿＿＿）
下線部のそれぞれの動詞について，［　　］内は適する方に○を，（　　）内には辞書から選んだ意味をひとつ書き入れましょう。

1-a. "Are you cooking now ?" "No, I'm <u>eat</u>ing."

この **eat** はうしろに目的語が［ある／ない］ので［自動詞／他動詞］です。

意味は （　　　　　　　　　　） です。

1-b. "Do you usually <u>eat</u> rice for breakfast ?"

"No, I usually <u>eat</u> bread,…sometimes <u>eat</u> nothing."

これらの **eat** はうしろに目的語が［ある／ない］ので［自動詞／他動詞］です。

意味は （　　　　　　　　　　） です。

2-a. "Are you going to go there by car ?"

"No, I'm going to <u>walk</u>. It's only about three kilometers."

この **walk** はうしろに目的語が［ある／ない］ので［自動詞／他動詞］です。

意味は （　　　　　　　　　　） です。

2-b. "Have you <u>walk</u>ed the dog yet ?"

"No, not yet. I've been busy doing my homework."

この **walk** はうしろに目的語が［ある／ない］ので［自動詞／他動詞］です。

意味は （　　　　　　　　　　） です。

3-a. The Arctic ice is <u>thaw</u>ing quickly.

この **thaw** はうしろに目的語が［ある／ない］ので［自動詞／他動詞］です。

意味は （　　　　　　　　　　） です。

3-b. You've got to <u>thaw</u> frozen meat before you cook.

この **thaw** はうしろに目的語が［ある／ない］ので［自動詞／他動詞］です。

意味は （　　　　　　　　　　） です。

4-a. I lay down for a while. I was so tired.

この **lay** はうしろに目的語が［ある／ない］ので［自動詞／他動詞］です。

意味は （　　　　　　　　　　） です。

4-b. I want to <u>lay</u> myself on the ground. I'm so tired.

この **lay** はうしろに目的語が［ある／ない］ので［自動詞／他動詞］です。

意味は （　　　　　　　　　　） です。

to 不定詞〈to ＋動詞の原形〉

to 不定詞はもはや単なる動詞ではありません。では何なのでしょう。

↓

動詞の機能を残しつつ，名詞／形容詞／副詞になったもの，です。

つまり，文の動詞（5文型のVに当たるもの）は別にあり，to 不定詞は文の動詞にはならないということです。例を見てみましょう。

I need to hire someone to paint my house.
S　V

短い文ですが動詞（らしきもの）は3つも入っています。この3つの中で，文の動詞は need です。

hire は **to 不定詞**として名詞の働きをしています（雇うこと）。ただし他動詞のときの目的語 someone を引っ張ったまま名詞になっていることに注意してください（誰か人を雇うこと）。

paint は **to 不定詞**としてここでは形容詞の働きをし（家にペンキを塗ってくれる），直前の名詞 someone を修飾しています（家にペンキを塗ってくれる人）。

全体として「私は家にペンキを塗ってくれる人を雇うことが必要だ」という意味になります。

名詞的用法　〜すること

1. <u>To live</u> is difficult: <u>to die</u> is more difficult.

   （生きる事は難しいが，死ぬ事はもっと難しい）

2. It is easy <u>to hate</u> people, but it is difficult <u>to love</u> them.

   （人を憎む事は簡単だが，愛するのは難しい）

3. My desire is <u>to spend</u> more time with my dad.

   （私の希望は父ともっと一緒に過ごす事だ）

4. I want <u>to see</u> you again.

   （あなたにまた会いたい）

5. I found it difficult <u>to understand</u> the book.

   （その本を理解するのは難しいと思った）

形容詞的用法　〜する 名詞 ＊直前の名詞を修飾する

1. We need our families <u>to support</u> us.

   （私たちは，私たちを支えてくれる家族が必要だ）

2. He isn't a man <u>to tell</u> a lie. （彼は嘘をつくような男ではない）

3. I want a novel <u>to read</u> in a train. （私は電車の中で読む小説が欲しい）

4. I have an assignment <u>to do</u> today. （私には今日やらなければならない宿題がある）

5. This shirt has no pocket <u>to put</u> things in.

   （このシャツには物を入れるポケットがない）

副詞的用法　〜するために　＊動詞／形容詞を修飾する

1. I went downtown <u>to look for</u> a job. （私は仕事を探すために街へ行った）

2. I'm happy <u>to see</u> you again. （あなたにまた会えて嬉しい）＊感情の原因

3. She must be a genius <u>to solve</u> the problem.

   （その問題を解くとは彼女は天才に違いない）＊判断の根拠

4. He grew up <u>to be</u> a fine gentleman. （結果）

   （彼は成長して立派な紳士となった）

5. This river is dangerous <u>to swim</u> in.

   （この川は泳ぐには危険だ）＊形容詞を修飾する

　　3つのうちのどの用法かを指摘し，文全体を訳しなさい。

1.　John has a large family <u>to support</u>.

2.　Mary went out into the field <u>to pick</u> berries.

3.　It is not an easy thing <u>to learn</u> English grammar.

4.　I cannot find a house <u>to live in</u>.

5.　He tried it again only <u>to fail</u>.

6.　We want <u>to live</u> as human beings.

7.　I have no right <u>to stop</u> him. He has a good reason <u>to do</u> it.

8.　I moved to a new apartment <u>so as to be</u> nearer to my work.

9.　<u>In order to succeed</u>, your desire for success must be greater than your fear of failure.

10.　We were sorry <u>not to see</u> you at the party.

Grammar 4

現在完了

現在完了

　おそらく中学の英語での最大の山場のひとつがこの**現在完了**です。このあたりから英語がわからなくなったという人も多いのではないでしょうか。現在完了が表現している概念を日本人が持ち合わせていないわけではなく，日本語の中でそれぞれ表現はしています。しかし英語は**現在完了**というひとつの体系的な表現システムになっているため，そのシステムのない日本人には受け入れ難かったり，理解に時間がかかったりするのです。

　現在完了は，〈have [has] ＋ 過去分詞〉の形を使い，過去のある時点から現在までの時間帯に起きたことを表現します。過去に起きたことなのに現在に何らかの影響を及ぼしているので**現在完了**と呼びます。これを使うと，次の３つのようなことが表現できます。

（1）過去のある時点で始めた行為・出来事が今完了したことや，それが現在に
　　　もたらした結果を表現する。

１．Yeah, I**'ve left** tonight. (Unit 1)
　　（ええ，今晩発ったばかりです）　　　　　　　　　　　　　　　　　　　[完了]

２．My skill ? Well, I **haven't decided** that <u>yet</u>. (Unit 1)
　　（まだ決めていません）　　　　　　　　　　　　　　　　　　　　　　[結果]
　　＊完了・結果は，次のような副詞を伴うことが多い。
　　　already（すでに），just（ちょうど），recently（最近），lately（最近），
　　　yet（[疑問文で] もう，[否定文で] まだ）

（2）現在までの経験を表現する。

Haven't you <u>ever</u> **felt** that way about music? (Unit 10)

（今まで音楽についてそんな風に感じたことない？）　　　　　　　　　　　［経験］

　　＊経験は，次のような副詞を伴うことが多い。
　　　before（以前に），ever（今まで），never（一度も～ない），once（1回），
　　　twice（2回），so far（これまで）

（3）過去のある時点からの状態や行為が現在まで継続していることを表す。

1．You'**ve been** my joy and comfort ever since you came here.

（あなたがここに来て以来，あなたはずっと私の喜びであり慰めだった）

　　　　　　　　　　　　　　　　　　　　　　　　　　　　　　　　［状態の継続］

2．He **has lived** in London for two years.（彼はロンドンに2年間住んでいる）

　　　　　　　　　　　　　　　　　　　　　　　　　　　　　　　　［状態の継続］

　　＊状態や行為の継続は，次のような副詞を伴うことが多い。
　　　for［～の間：期間］，since［～以来：起点］

3．She **has been** playing the piano for three hours.

（彼女は3時間ずっとピアノを弾いている）　　　　　　　　　　　　　［行為の継続］

　　＊現在完了と過去形の違い

　　　My father went to Osaka yesterday.（父はきのう大阪に行った　＊現在
から切り離された単なる過去）

　　　My father has gone to Osaka.（父は大阪に行った［ので今はここにいない］）

　　＊過去を表す副詞（句）があるとき，現在完了は使えない。

　　　（誤）Yuki <u>has come</u> back from Seoul yesterday.

　　　（正）Yuki **came** back from Seoul yesterday.

─────────────────── 練 習 問 題 ───────────────

　　次の各文の（　　）内の動詞を適切な形に直しましょう。

1．I (visit) Hokkaido last month. I (be) there twice.
2．I (do) my homework now. I already (finish) half of it.
3．I (come) to this town last Saturday. I (stay) here since then.
4．He (work) now. He (work) since morning.
5．They (marry) for five years.
6．A Mr. Taki (wait) to see you since ten o'clock.

60

過去完了

　現在完了がわかれば，過去完了は簡単です。現在完了が扱う時間帯をひとつ過去にスライドさせただけのものですから，表現される３つの内容は現在完了とまったく同じです。形は〈had ＋ 過去分詞〉です。

（１）現在完了が「今完了したことや，それが現在にもたらした結果を表現」していたのに対し，過去完了は「過去のある時における行為の完了・結果」を表現する。

　　　When I got to Haneda Airport, the plane **had** <u>already</u> **taken** off.
　　　（羽田空港に着いたときにはすでに飛行機は離陸してしまっていた）　　　　［完了］

（２）過去のあるときまでの経験を表現する。

　　　I **had** <u>never</u> **seen** such a beautiful rose.
　　　（こんなに美しいバラをそれまでにみたことがなかった）　　　　　　　　［経験］

（３）現在完了が「現在までの状態や行為の継続を表現」していたのに対し，過去完了は「過去のある時までの状態や行為の継続」を表現する。動作の継続の場合はふつう過去完了進行形を使う。

　1. Anne's horizons **had closed** <u>since</u> the night she had sat there after coming home from Queen's. (Unit 4)
　　　（クイーン学院から戻ってそこに座ったあの晩以来，アンの地平線は狭まってしまった）　　　　　　　　　　　　　　　　　　　　　　　　　［状態の継続］

2. …in the seat where Campanella **had been sitting** until now, there was no Campanella, … (Unit 13)

（カンパネラがそのときまで座っていた席に，その姿はなかった）　　　[動作の継続]

（4）過去のあるときより前の動作・出来事（大過去）を表現する。

I lost the ticket **I had bought** the previous day.

（私はその前日に買ったチケットをなくしてしまった）　　　　　　　[大過去]

─────────── 練 習 問 題 ───────────

I. 次の各文の（　）内の正しい方を選びなさい。

1. He (has, had) been ill, but he is well again now.

2. Please wake Bill. He (has, had) been sleeping for ten hours.

3. I (have, had) just finished writing the report when the bell rang.

4. Dave & Mary Hamilton (have, had) been living in California for ten years when I first met them.

II. 次の各文を日本語の意味になるよう完成させなさい。

1. I found that _____ out.

（ジョンはすでに引っ越していたということがわかった）

2. I _____ a panda when I was ten years old.

（私は 10 歳になるまで一度もパンダを見たことがなかった）

3. _____ when he left Japan.

（彼は日本を離れるまで 5 年間，そのサッカーチームに所属していた）

4. _____ when it started to rain.

（野球をして 1 時間経ったら，雨が降り始めた）

5. I noticed that _____ .

（彼に電話するのを忘れていたことに気づいた）

6. Mika talked about the car accident that _____ in front of the station.

（ミカは駅前で起こった交通事故について話した）

＊6の場合，出来事を起こった順に表現すれば，関係代名詞と過去完了を使わずに過去形だけで済みます。

6' The car accident ＿＿＿＿＿＿ in front of the station and Mika ＿＿＿＿＿＿ about it.

Grammar 5 関　係　詞

　関係詞には，**関係代名詞**と**関係副詞**があります。どちらも名詞と節をつなぐ，つまり**関係づける**働きをします。日本語にはありません。わからない人はこう考えてみてください。もともと２つの文がありました。たまたま同じ**名詞**を使っています。いっそのことその名詞を共有して１文にまとめてしまおう，という発想です。つまり，関係代名詞も関係副詞も，<u>先行詞は必ず名詞</u>です。

関係代名詞

　関係代名詞には３つの格がありますが，そのうちのひとつ<u>所有格</u>は簡単で使用頻度も低いので，ここでは残るふたつ<u>主格</u>と<u>目的格</u>について説明します。

　具体的に見てみましょう。Unit 10 の "…there are places in the world that aren't made out of stone." を例にとると，もともとの２文とは，

① 　There are <u>places</u> in the world.
② 　(Some) <u>places</u> aren't made out of stone.

です。共通の２つの名詞 places を１つで共有するわけですから，②の文の places を取り除いた残りをすべて①の places の直後に貼り付けます。貼り付けた印として**関係代名詞**をつけます（＊ただしこの場合，副詞句 in the world は places との結びつきが強いため関係代名詞によって切り離されません）。

　さて，難しいのはここからです。関係代名詞には６種類あり，<u>places</u> が②の文の中でどんな働きをしているかにより自分でひとつ選ばなければなりません。物だから which か that で簡単！と安易に片づけてはいけません。<u>places</u> が主語か目的語かは関係代名詞が省略できるかどうかに関わる大事なポイントですからよく見極めてください。ここでは <u>places</u> は②の文の<u>主語</u>ですから<u>主格の</u>

whichかthatをつけ，それは省略できません。省略できるのは目的語の場合だけです。その結果できた文は次のようになります。

③　There are <u>places</u> in the world that aren't made out of stone.
　　（この世には石でできたのではない場所がある）

次に，Unit 11 の "I think it's the excitement only a free man can feel" を例にとってみます。2文に分解すると，

④　I think it's <u>the excitement</u>.
⑤　Only a free man can feel <u>the excitement</u>.

今度は，<u>the excitement</u> は⑤の文中の<u>目的語</u>です。（<u>目的語</u>がわからない場合☞ 5 文型。）目的語の <u>the excitement</u> を取り除いて④の <u>the excitement</u> で共有するわけですから，失われてしまった目的語の代わりに<u>目的格の</u> which かthatをつけます。⑤の残りはすべてその後ろに貼り付けます。
⑥ I think it's <u>the excitement</u> that only a free man can feel.

このthatは今度は省略できますから，
⑥' I think it's <u>the excitement</u> only a free man can feel.

となります。共有する名詞を「人」にしてみましょう。

⑦ Katherine is <u>a writer</u>.
⑧ I respect <u>her</u>.

共通の人を指す <u>a writer</u> と <u>her</u> を共有して1文にまとめます。⑨の文を <u>her</u> を取り除いて⑧の <u>a writer</u> の直後に貼り付けます。その際，失われてしまった目的語 <u>her</u> の代わりに<u>目的格の人を示す</u> whom をつけておきます。こうしてできたのが，
⑨ Katherine is <u>a writer</u> whom I respect.

主格 who は省略できませんが，目的格 whom は省略できますから，

⑨' Katherine is <u>a writer</u> I respect.

となります。会話では省略した⑥'⑨'が普通です。

あらためて6種類の関係代名詞を整理します。

共有する名詞 （先行詞）	主格	所有格	目的格 （省略できる）
人	who	whose	whom / who
物・動物	which	of which / whose	which
物・動物・（人）	that	——	that
先行詞を含む	what	——	what（省略不可）

先行詞を含む関係代名詞 what ＝ [the thing which that] ～するもの／事
  what が導く節は名詞節になり，文中では<u>主語</u>，<u>目的語</u>，<u>補語</u>になる。

主語として　　:What makes me happy is good music.
目的語として :I don't understand what he said.
補語として　　: She wasn't born a great pianist. Practice has made her
　　　　　　　 what she is.

関係代名詞の非制限用法（, which）

　関係代名詞の直前に，（カンマ）を置き，先行詞についての情報を補足的につけ加えます。「ちなみに…」と訳すとうまくいきます。俗に , which と呼びますが，ほかに who, whose, whom もこの用法をとります。
　"情報を補足的に付け加える"ゆるやかな用法とはいっても，先行詞が必ず<u>直前の名詞</u>と決まっていた関係代名詞（の制限用法）と比べると，先行詞が<u>前の文全体</u>だったり，<u>前の文の一部</u>だったりすることもあるので注意が必要です。

Toni has <u>a son</u>, **who** works in the bank.

（トニーには息子がいる。ちなみに彼は銀行に務めている）

I have forgotten <u>to draw my curtain</u>, **which** I usually do.

（カーテンを閉めるのを忘れていた。いつもはするのに）

<u>Many women quit their jobs when they got married</u>, **which** was a custom in those days.

（多くの女性が結婚すると仕事をやめた。ちなみに当時はそれが習慣だった。）

―――――――――― 練 習 問 題 ――――――――――

I．次の各文の（　　）内に適する関係代名詞を入れ，先行詞に下線を引き，なぜその関係
　代名詞を選んだかの**理由**を完成させましょう。

1．Paul is the man（　　）invited me to the party on Friday.

　（ポールは私を金曜日のパーティーに招いてくれた人です）

　理由：先行詞が（人，物，なし）で，invited の（主語，所有代名詞，目的語）になっ
　　　　ているから。

2．David fell in love with a girl（　　）father is a police officer.

　（デイビッドは父親が警察官である女性と恋に落ちた）

　理由：先行詞が（人，物，なし）で，（father の主語，father の目的語，father と
　　　　の関係が所有関係）になっているから。

3．The company（　　）I worked for went bankrupt.

　（私の勤めていた会社は倒産した）

　理由：先行詞が（人，物，なし）で，worked for の（主語，所有代名詞，目的語）
　　　　になっているから。

4．He didn't believe（　　）I told him.

　理由：先行詞が（人，物，なし）で，told の（主語，所有代名詞，目的語）になって
　　　　いるから。

Ⅱ．次の各文の先行詞に下線を引き，関係代名詞の格を指摘し，訳しなさい。省略できるもの（つまり目的格）を省略して読む練習をしましょう。

1．This is a sketch **that** she made.

2．Take the train **which** starts from Regency Street Station.

3．This is the boy **who** broke the window.

4．Look at the mountain **whose** top is covered with snow.

5．This is the hat **which** I have been looking for.

6．She is one of the best singers **that** ever lived.

7．Somebody **whom** I have only recently got to know criticized me.

8．**What** is important now is to take action.

9．**What** he did and **what** he said were not the same.

10．My wife's mother, **who** lives with us, is a charming lady.

Ⅲ．次の各文の共通する名詞に下線を引き，関係代名詞を使って1文にまとめ，訳しなさい。
目的格は最後に省くことを忘れずに。

1．The man is my uncle John. He is reading there.

2．He has a son. His son's name is Charles.

3．Nancy is a student. I respect her.

4．Have you ever read the book ? My uncle wrote it.

5．This is a useful book. It teaches us how to study science.

6．The picture was painted by my aunt. You see it on the wall.

関係副詞

　関係代名詞がわかれば，**関係副詞**はそれほど難しくありません。関係代名詞と同じ手順で次の２文を１文にまとめます。

　① This is the house.
　② I lived in the house for ten years.

　②の文中の共有できる名詞 the house を消すと in が残るので，それをそのままつけて in which にします。②の文の残りをすべて in which の後ろにつけると，

　③ This is the house in which I lived for ten years.

ができあがります。これはまだ**前置詞＋関係代名詞**です。先行詞が場所を示すので，

　④ This is the house where I lived for ten years.

にすると**関係副詞**になります。つまり関係副詞は**内部に前置詞を含んでいる**という理解が大事です。

　では Unit 10 の "Here's where it makes the most sense." を見てみましょう。もともとの２文とは，

　⑤ Here is the place.（ここがその場所だ）
　⑥ It makes the most sense in the place.
　　（それ（ハーモニカ）はこの場所でこそ最も意味がある）

　関係副詞を使って１文にまとめると，

　⑦ Here is the place where it makes the most sense.

ができあがります。さらに，先行詞が the place の場合に限り，the place か where どちらかを省略できます。

⑧ Here is where it makes the most sense.
⑨ Here is <u>the place</u> it makes the most sense.

関係副詞にはほかに，when （先行詞が時），why （先行詞が理由），how （先行詞は使わないが方法を表す）があります。

─────────────── 練 習 問 題 ───────────────

次の各文の先行詞に下線を引き，（　　）内に適する関係副詞を入れ，訳しなさい。

1. Do you know the town (　　　) Jigoro Kano was born?

2. Please click on the name of the country (　　　) you live.

3. My grandfather was born in the year (　　　) the war ended.

4. I hope the time will soon come (　　　) we can meet again.

5. 2020 is the year (　　　) Tokyo Olympics will be held.

6. Tell me the reason (　　　) our flight was canceled.

7. Meg was staying at the hotel (　　　) my father works.

8. Rick has finally found a company (　　　) he can show his ability.

9. Is there any reason (　　　) you must take a day off?

10. John told us (　　　) he survived the accident.

仮 定 法

What I would do If you weren't here. (Unit 3 から)

（もし今あなたがここにいなければ，私はどうするんでしょう。）

　まず，①を見てください。

①　**If** you **mix** blue and yellow, you **get** green.

　　（青と黄色を混ぜれば緑ができる）

　これは普通にあり得る場合を想定しているので if は使っていても仮定法ではありません（直説法）。では，②はどうでしょう。普通にあり得る場合の想定ですか？

②　**If** I **were** a bird, I **could** fly to you. (もし鳥なら, 君の元へ飛んでいけるのに)

　普通にあり得ない想定ですね。これが**仮定法**です。**仮定法**とは，こうした**バーチャルな世界**を表現するために，**ひとつ前の時制を使うちょっとした舞台装置**と思ってください。

　つまり，②は現在の事実に反する仮定（現在の姿は人間であり，鳥ではないのに，鳥である場合の話をしている）をするために,そのひとつ前の時制（＝過去形）を使っています。だから**仮定法過去**と呼ぶのです。形の名前であることを理解してください。

［仮定法過去］

If S₁ + 動詞の過去形 …, S₂ + 助動詞の過去形 + 動詞の原形
（be 動詞の場合，　　　　 would / could I にも were を使う）　 should / might

1. もし私がもっと強かったら，抵抗するのに。

   If I _____ _____ , I _____ fight back.

2. もし水がなければ，木は緑ではないだろう。

   If there _____ no water, the trees _____ _____ _____ green.

3. もし宝くじが当たったら，仕事を辞めます。

   If I _____ the lottery, I _____ _____ my job.

　仮定法過去がわかれば**仮定法過去完了**は簡単です。現在の仮想世界を語っていた仮定法過去に対して，すでに起きてしまった過去の事実に反する仮想を語るときに使うのが**仮定法過去完了**です。

［仮定法過去完了］

If S₁ + 過去完了 …, S₂ + 助動詞の過去形 + 現在完了
（had+ 過去分詞）　　　would / could
should / might

$$\text{If } S_1 + \text{過去完了} \cdots, S_2 + \text{助動詞の過去形} + \text{現在完了}$$
$$(\text{had} + \text{過去分詞}) \quad \text{would / could}$$
$$\text{should / might}$$

1. もし父が3年前に亡くならなければ，私は医学を勉強していただろう。

   If my father _____ _____ _____ three years ago, I _____ _____
   _____ medicine.

2. もしクレオパトラの鼻が低かったら，世界の歴史は変わっていただろう。

   If Cleopatra's nose _____ _____ shorter, the world history
   _____ _____ _____ changed.

[条件説（if 節）のない仮定法]

　実際，会話では，条件説（if 節）を省略した形の仮定法がよく使われます。「〜
しようと思えば」などの言外の意味が隠れています。

-I **could have danced** all night.

（（もし踊ろうと思えば）一晩中踊り明かすことだってできた：ミュージカル「マイ・フェア・
レディー」中の「一晩中踊り明かそう」より）

-I **wouldn't be** afraid in a big dark place like that anymore.

（（もし入ろうと思えば）あんな大きなブラックホールの中に入ったとしても怖くない）

　日常会話の丁寧で，控えめな表現もこの用法からきたものです。「会話で仮定
法は使わないからいい」と考えずに，こうした使い方も身につけてください。

-I **wouldn't do** such a thing.（私ならそんなことはしない）（※if I were you の省略）
-I'll meet you at six. Or **would** seven **be** better？

（6 時にお会いしましょう。それとも 7 時のほうがよろしいですか？）

- (It) couldn't be better！（最高だね！）

───────────── 練 習 問 題 ─────────────

Ⅰ．次の各英文の（　）内の適切な方を選びなさい。

　1．If I (were / had been) richer, I would buy the car.

　2．If I (were / had been) born a boy, my life would have been more peaceful.

　3．If my computer (worked / had worked), I could play video games every day.

Ⅱ．次の各英文の下線部に英語を入れて文を完成させなさい。

　1．もし僕が女なら，僕もまた彼に恋してしまったことでしょう。

　　　If I were a woman, I ＿＿＿＿＿＿＿＿＿＿＿＿＿＿＿＿＿＿ , too.

　2．人間が本当に天気を制御できたら，どんな厄介なことになっているだろう。

　　　How much trouble ＿＿＿＿＿＿＿＿ if human beings＿＿＿＿＿＿＿.

　3．もし英語をもっと一生懸命勉強していたら，今はもっと苦労しないでいられるでしょうに。

　　　If ＿＿＿＿＿＿＿＿＿ , I ＿＿＿＿＿＿＿＿＿ an easier time of it now.

Chapter
3

Pattern Practice

Practice

1

Pattern Practice

Pattern Practice（「型」の練習）

　海外旅行で道を聞かれて答えられなかった苦い経験はありませんか？「そもそも質問が聴き取れなかった」というリスニングの問題は別の機会に譲りましょう。ここでは「質問の意味はわかるのに英語でどう言っていいかわからない」という人へのオススメの練習を紹介します。

質問が聞き取れて答も日本語では言えるのに，なぜ英語では言えないのか？

　日本人の多くは**頭の中で正しい文を組み立ててから言おうとするから**です。文ができるまで忍耐強く待ってくれるのは学校の先生か，あるいはホームステイ先のホストマザー／ファーザーぐらいです。普通は待ってはくれません。

ではどうしたらいいのか？

　考えなくても反射的に英文が口をついて出る練習をすればいいのです。日常会話には，聴かれたらすぐ反応して答えるという**反射神経**がある程度必要なのです。「会話のキャッチボール」という表現を使うのもそのためです。ついでに野球の比喩を用いれば，あの天才イチローでさえ現役時代は毎日素振りの練習をしたそうです。「素振り」は「型」です。基本文の「型」を繰り返し声に出して練習して脳に英語の回路をつくれば，考えなくてもとっさに英語が口をついて出てきます。ではやり方を説明します。

〈準備１：空所に書き入れる〉学生のみなさんは最初は書かないと不安でしょうから，まずは普通の文法問題として空所に英語を書き入れます。

　まず基本文を確認してください。ここがスタートです。

　| 左側 |: 指示　→| 右側 |: 指示の語句だけ入れ替える。

　＊そのとき，それに伴って変えるべきことをはすべて変える。

例えば，

You are scared, aren't you? からの **He** の指示により，

He is scared, isn't **he**? という文ができ，今度はここから **yesterday** の指示で，

He was scared **yesterday**, wasn't he? という文ができます。

　こうして順繰りに入れ替えながら進みます。最初のスタートラインには戻りません。また指示以外はすべてロックされていますから，**now** の指示が出るまではずっと **yesterday**（過去形）のままです。

〈準備２：**テキストを閉じる**〉あとは「会話」の練習ですからテキストを閉じ，耳と口だけに神経を集中します。教師（あるいはペアプラクティスなら指示を出す側の学生）はテキストに沿って指示を出し最後までいったら，そこで終わらずにさらに自由に続けてください。

　では始めましょう。

教師：まず基本文を言います。このとき**板書**しないのがポイントです。

　　　耳 → 声の反射神経のための練習ですから。

学生：声に出して繰り返す。

教師："he" のような指示を出す。

学生：指示により必要なものをすべて**瞬時に**入れ替え，**即座に**言う。

教師：ある程度（3〜5秒ぐらい）待ったら正しい文を言う。

学生：**即座に**繰り返す。さっき正答を言えなかった人は，ここで言うよう努力する。さっき正答を言えた人も，必ずもう一度繰り返す。間違ってもいいのです。大事なのはとにかく**すぐに声に出して言う**ことです。

① Unit 2 付加疑問文：You are tired, aren't you?

hungry	→	You are hungry, ( ) ( ) ?
nervous	→	You are nervous, ( ) ( ) ?
happy	→	You are happy, ( ) ( ) ?
scared	→	You are scared, ( ) ( ) ?
He	→	He is scared, ( ) ( ) ?
yesterday	→	He ( ) scared yesterday, ( ) ( ) ?
they	→	They ( ) scared yesterday, ( ) ( ) ?
now	→	They ( ) scared now, ( ) ( ) ?
look	→	They look scared now, ( ) ( ) ?
She	→	She ( ) scared now, ( ) ( ) ?
yesterday	→	She ( ) scared yesterday, ( ) ( ) ?
happy	→	She ( ) happy yesterday, ( ) ( ) ?
be 動詞	→	She ( ) happy yesterday, ( ) ( ) ?
now	→	She ( ) happy now, ( ) ( )

② Unit 2 間接疑問文：I don't know where he lives.

Do you know…?	→ Do you know _____ ?
Can you tell me…?	→ Can you tell me _____ ?

疑問文を即座に間接疑問にして言いましょう。

Where is the rest room ?
　→ Can you tell me _____ ?
Where can I buy a battery ?
　→ Can you tell me _____ ?
When will the next train leave ?
　→ Can you tell me _____ ?

How can I use this pay phone ?

  → Can you tell me _____ ?

Which bus should I take to get to the museum ?

  → Can you tell me _____ ?

Why does this vase have some holes like this ?

  → Can you tell me _____ ?

Could you tell me…? で始めましょう。

  → _____ ?

③　**Unit 5 比較級（than 以下のない）： They must swim longer.**

have to	→ They (　　) (　　) swim longer distances.
He	→ He (　　) (　　) swim longer distances.
疑問文	→ (　　) he (　　) (　　) swim longer distances ?
walk	→ (　　) he have to (　　) longer distances ?
faster	→ (　　) he have to walk (　　) ?
肯定文	→ (　　) (　　) (　　) walk faster.
reply to my email / earlier	→ He has to (　　) (　) (　　) (　　) .
get up	→ He has to (　　) (　　) earlier.
walk / more slowly	→ He has to (　　) (　　) (　　) .
yesterday	→ He (　　) (　　) walk more slowly (　　　) .

④　**Unit 7 第2文型： It was so cold this morning.**

now	→ It (　　) so cold (　　) .
here	→ It (　　) so cold (　　) (　　) .
疑問文	→ (　　) (　　) so cold (　　) (　　) ?
in New Zealand	→ (　　) (　　) so cold (　　　) (　　　) ?
hot	→ (　　) (　　) so (　) (　　　) (　　) ?
肯定文	→ (　　) (　　) so hot (　　　) (　　) .
get / here / in summer	→ It (　　　) so hot here in summer.

day by day	→	It's ( ) so hot ( ) ( ).
colder	→	It's ( ) colder ( ) ( ).
疑問文	→	( ) ( ) ( ) colder ( ) ( ).

⑤ Unit 8 数えられる／られない名詞：We have lots of apples in our shop.

wine	→	We have ( ) ( ) ( ) in our shop.
plenty of	→	We have ( ) ( ) ( ) in our shop.
black tea	→	We have ( ) ( ) ( ) in our shop.
little	→	We have ( ) ( ) in our shop.
not / much	→	We don't have ( ) ( ) in our shop.
T-shirts	→	We don't have ( ) ( ) in our shop.
batteries	→	We don't have ( ) ( ) in our shop.
milk	→	We don't have ( ) ( ) in our shop.
肯定文	→	We ( ) ( ) ( ) in our shop.
the shop next door	→	They ( ) ( ) ( ) in the shop next door.
疑問文	→	( ) ( ) ( ) ( ) ( ) in the shop next door?

⑥ Unit 11 頻度：I hardly ever use my car on weekdays.

never	→	I ( ) use my car on weekdays.
sometimes	→	I ( ) use my car on weekdays.
often	→	I ( ) use my car on weekdays.
疑問文	→	( ) ( ) ( ) use ( ) car on weekdays?
How often	→	( ) ( ) ( ) ( ) use ( ) car on weekdays?
on weekends	→	( ) ( ) ( ) ( ) use ( ) car ( )?
usually	→	( ) ( ) ( ) ( ) usually use ( ) car?

⑦　Unit 12 時制の一致：I think he's fine.

I thought	→	I thought he (　　) fine.
I knew	→	I knew he (　　) fine.
He said	→	He said he (　　) fine.
He says	→	He says (　　) fine.
she's happy	→	He says (　　) (　　).
He said	→	He said she (　　) happy.
I think	→	I think (　　) happy.
I thought	→	I thought she (　　) happy.
I knew	→	I knew she (　　) happy.
I know	→	I know (　　) happy.

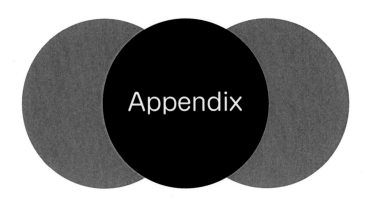

Appendix

付　　録

辞書の引き方

　"Yeah, I've left tonight." (「ええ，今晩家を出てきたばかりです」(Unit 1　Kiki の台詞) の "left" について『ジーニアス第 5 版』を用いて説明します。

1. この文の "left" の意味がわからないとき辞書では "leave" を引きます。(☞「動詞の活用」Appendix 2)。"leave" を開いたら，まず全体を見渡して品詞がいくつあるか把握します。その中からこの文脈に合うものを 1 つ選びます。"leave" の場合「動詞」と「名詞」の 2 つで，ここでは「動詞」です。

2. 「動詞」とわかったら，大事なのは **「自動詞」**なのか**「他動詞」**なのかということです。(☞「自動詞と他動詞」Grammar 2)。ここでは "leave" のうしろに "tonight" がついていますが，名詞ではないので目的語ではありません。訳した時に "今晩を" にならないこともその証拠です。よって，この "leave" は**自動詞**です。

3. 自動詞には❶〜❸があります。**あなたが求める解は必ずこの中に 1 つあります。選ぶのが難しければ，1 つ 1 つ消去法でつぶしてでも解にたどり着く努力をしてください。**ここでは "❸家［故郷など］を離れる［去る, 出ていく］；…" がこの文脈に合っています。

4. 念のため，例文を見て，問題文の "leave" に近い例文を探します。**これはあなたが選んだ番号が正しいかどうかを検証する作業ですから，丹念に行ってください。**(ちなみに❸には例文が載っていませんから「例文なし」と書きます。)

5. ちなみに他動詞❷も「〈家・故郷・国など〉を出る…」です。気をつけましょう。

記載例：辞書名・品詞（動詞の場合は⾃か⽫）・番号・意味・例文の５項目必須

'leave'：G5　⾃　❸家［故郷など］を離れる［去る，出ていく］；~~(夫・妻・恋人などと) 縁を切る，別れる。~~

（例文なし）

──────────────── 練 習 問 題 ────────────────

I.　次のそれぞれの "leave" を辞書で引き，記載例を参考に必要事項を書いた上で，各文を日本語に訳しなさい。

1.　Don't <u>leave</u> the door unlocked.

2.　She'll be <u>leaving</u> for London at the end of March.

3.　He <u>left</u> home at the age of thirteen.

4.　I can't buy lunch today, 'cause I <u>left</u> my wallet at home.

5.　The firm offers a maternity <u>leave</u> as a part of its benefit program.

II.　次のそれぞれの "take" を同様に辞書で引きなさい。

1.　Don't forget to <u>take</u> this medicine after every meal.

2.　I <u>took</u> Psychology at College.

3.　It's going to rain today. <u>Take</u> your umbrella with you.

4.　Let's <u>take</u> Narita Line at Abiko.

5.　It <u>takes</u> about 15 minutes to walk to Abiko station from here.

6.　She almost <u>took</u> it from me. (Unit 2)

動詞の活用

　英語の動詞には，現在・過去・過去分詞・現在分詞という語形変化があり，主語の人称によってそれぞれ４つの変化をします。とは言っても，人称によって語形が変化するのは１か所（**太字部分**）だけですね。これがいわゆる**３単現**（３人称・単数・現在）です。

〈規則動詞の語形変化表：study〉

人称	単／複	現在	過去	過去分詞	現在分詞
1	単数 複数	study study	studied studied	studied studied	studying studying
2	単数 複数	study study	studied studied	studied studied	studying studying
3	単数 複数	**studies** study	studied studied	studied studied	studying studying

〈不規則動詞の語形変化表：go〉

人称	単／複	現在	過去	過去分詞	現在分詞
1	単数 複数	go go	went went	gone gone	going going
2	単数 複数	go go	went went	gone gone	going going
3	単数 複数	**goes** go	went went	gone gone	going going

　現代英語ではこれほど単純になりましたが，古英語（450年頃～1150年頃）の時代には直説法現在・直説法過去・仮定法現在・仮定法過去・命令法・現在分詞・過去分詞の７つの語形変化があり，そのそれぞれに人称による変化も加わるとても複雑なものでした。現在でもドイツ語は複雑な語形変化を保っています。

長文はどのようにできているか

　文が長くなると，急に目がキョロキョロしてわかる単語を探し出し，それらを適当につなげて訳そうとする人がいます。文はなぜ長くなるのでしょう？その仕組みがある程度わかれば文の長さはさほど問題になりません。長かろうが短かろうが，所詮は5パターンの型（5文型）のひとつでできているのですから。

　まず，これからする説明で使っている「文」と「節」は同じものを指しています。S＋Vをもつ最小かつ完璧な構造物（小宇宙）です。長文読解は，あなたの目の前にある英文をまず小宇宙に分け，そのそれぞれが5つのうちのどのパターンでできているのか見極められれば8割方できたも同然です。V（以降はこれを**本動詞**と呼びます）が見極められたということですから。

　本動詞が見極められれば，9割方その前が（長かろうが短かろうが）Sです。簡単そうに聞こえますが，実はそう簡単なことではないと多くの人はすでに知っています。

　では，まず例文（1）を見てください。

(1) I do the cooking <u>and</u> my brother does the dishes.
　　（私が料理し，弟が皿洗いをする）

　このように2つ（以上）の文が等位接続詞（and, but, or, for, so など）によって対等な関係で連結されている場合（重文），まず連結を切って2つの小宇宙だと認識することから始めます。（1）をもう少し長くしてみます。

(2) <u>When my mother comes home late</u>, I do the cooking and my brother does the dishes. （母の帰りが遅いとき，私が料理し弟が皿洗いをする）

付け加えた文（下線部）と後の文が，今度は対等ではないことに気づきますか？下線部が後の文の条件になっています。このように〈S＋V〉の形の文（節）が2つあって，そのうちの1つが意味上主要な節（**主節**）で，ほかの節がそれに従属する（**従属節**）ものを「複文」といいます。しかし，まだ主節と従属節が，対等の関係ではないものの接続詞によって連結されていますから，連結を切って3つの小宇宙と考えることに変わりありません。

　S＋V をもつ最小の単位（小宇宙）ということがわかったところで本題に入ります。この最小の単位のどこがどのような仕組みで長くなるのでしょう。

〈第2文型 SVC〉

S（＊必ず名詞）	V	C（＊形容詞か名詞）
This	is	a castle. （**名詞**1単語） a famous castle. （形容詞1語＋**名詞**） the mansion belonging to Dave. （**名詞**＋形容詞的分詞） a castle which has been designated for a cultural heritage since 2005. （先行詞（**名詞**）＋関係代名詞が導く文） the fact that he claims its inheritance. （**名詞**＋that節）
The fact	is	that he is a liar. （that節＝**名詞**節）
That	is	how YUBABA controls you. （Unit2）（間接疑問＝**名詞**節）

〈第3文型 SVO〉

S（＊必ず名詞）	V	O（＊必ず**名詞**）
I	like	apples. （具象**名詞**1単語） your laughter. （抽象**名詞**1単語） hearing you laughter. （動**名詞**） to hear your laughter. （to 不定詞の**名詞**的用法） how you laugh. （間接疑問＝**名詞**節） how you laugh when I say funny things.
They	found	a treasure hidden deep in the ground. （**名詞**＋形容詞的分詞）
He	claims	that he's received the inheritance to the castle.（that節）

　名詞が，実に様々な方法で**大きな塊をつくる**ことがわかりますか？

　表の上の方には，形容詞という名詞専用の飾りをまとったり，to 不定詞の形容詞的用法や分詞の形容詞的用法など形容詞に準ずるものを従えたりして膨らんでいる例文が見えますね。つまり，核になる名詞のまわりに**形容詞や形容詞相当語句**が付いて膨らむのです。これが名詞が**大きな塊をつくる**初歩的な仕組みです。

　しかし，それ以上に長文になるポテンシャルをもつ方法が，<u>関係代名詞</u>や<u>that 節</u>などを使って，もうひとつ別の **S＋V 的小宇宙**を名詞としてその内部に**抱き込む**ときなのです。

　複文が難しいのは，２つの節が連結されるのでなく，そのように主節の中に従属節を抱き込む形なのです。１つの節（小宇宙）が**名詞としての**もう１つの節（小宇宙）を抱き込むとはどういうことでしょうか？

　再び上の表を見てください。５文型の O と C の場所に，もう１つの節が**名詞の形**をとって（**名詞節として**）抱き込まれていることがわかりますね。５文型をつくる４つの要素 S,V,O,C のうち，必ず名詞である S と O，および C にもう１つの節が抱き込まれている文を“入れ子型”と呼びましょう。入れ子型は途方もなく長い文を作るポテンシャルを持ち合わせています。実際どれほど長くなるのか，次の例題で見てみましょう。

例題1 SVC（第2文型）：S（主語）は短く，C（補語）が長い文

It is the fact that the reading ability of the younger generation today is far below that of its prewar counterpart. <u>One key factor</u> is the "language reform" instituted after the war, which limited the number of Chinese ideographs to be used in our daily linguistic activities and simplified many of them. <u>The result</u> was a curtailment of the ability of the youngsters to read not only what was written 100 years ago but was written even in 1930's.

『上・中級公務員試験 文章理解 教養分野別問題集』（実務教育出版）より

例題2 SVC（第2）＋ SVO（第3）：S も C／O もすべて長い文

<u>The vast bulk of the significant changes during the past century in Japanese</u> seem to me to have been not the borrowing of traditional elements or cultural traits of Western civilization, but rather parallel changes to those that have swept the West in modern times—in other words, "modernization." In fact <u>nine-tenths of what is commonly described as "Western" in Japan</u> consists of things, systems of organization, or attitudes of mind which are relatively new in the West, too.

『上・中級公務員試験 文章理解 教養分野別問題集』（実務教育出版）より

練 習 問 題

次の各文の本動詞を指摘したうえで，文全体を訳しなさい。

1. I think that the baby is crying.

2. The village store sells everything that you need.

3. We all heard the news that the World Trade Center Towers had collapsed.

4. The trouble with not sleeping enough is that you feel tired all the time.

5. Stealing things that belong to other people is theft.

リスニングのための音のつながり と変化

大前提

1．人間の話す言語は，何語であっても，必ず母音と子音の組み合わせでできています。

　　母音：声帯をともなった，妨げられない呼気

　　子音：母音の呼気を何らかの形で妨げる音素

2．英語の場合，綴りでなく発音記号で考えます。

　　（例）"bottle" = [bɔ́tl]　× [bɔ́ttl]

　　　　　"sign"　 = [sain]　× [sign]

1．**英語は速く話されると音がつながります。** 母（音）は左手が空いていると子（音）と必ず手をつなぐからです。

　　<u>日本語</u>は，母（音）の左手はもともと子（音）と手をつないでいるため，**速く話されても速度が上がるだけで音の質的な変化は少ない言語です。**

（例）　英　What is it ?

　　　　日　Sore wa nan desu ka ?

2-a. [t] は２つの母音に挟まれ，前の母音にアクセントがあるときアメリカ英語では [ɾ] に変化します。

　　（ [ɾ] は舌先で口蓋を軽くたたく音：日本語の「ら」行の音）

　　（例）water [wɔ́:tər] = [wɔ́:ɾər]

2-b. この現象は単語内にとどまらず，隣りあう音の間でも起こります。

    （例）（1）You know <u>what I</u> mean?　[watai] = [waɾai]

          （2）…..., <u>but I</u> …　　　　　[batai] = [baɾai]

2-c. [d] も 2-a のルールに準じて [ɾ] に変化することがあります。

    （例）daddy [dǽdi] = [dǽɾi]

3．[t] [d] は [n] の前で [ʔ] に変化する。([ʔ] は声門閉鎖)

    （例）written [rítn] = [ríʔn]

4．語頭の [h] [i] は無声化しやすい。

    （例）him [hím], italian [itǽljən] などの語頭の [h] [i]

5．語末の [t] [b] [d] [v] [g] [ð] [z] [ʒ] は無声化しやすい。

    （例）passport [pǽspɔ́:rt], give [gív] の語末の [t] [v] など。

―――――――――――――――――― 練 習 問 題 ――――――――――――――――――

　では，映画『となりのトトロ』の有名なバス停のシーンを使って応用してみましょう。どの音が落ちたり，つながって変化したりしそうですか。実際の音声を聞く前に推測して言ってみましょう。

〈*My Neighbor TOTORO* 『となりのトトロ』バス停〉

Satsuki ：I bet you're TOTORO.

TOTORO: Aw……..

Satsuki ：Oh, we have another umbrella if you want.

TOTORO: ???

Satsuki ：Go ahead, take it…. Come on. I'm going to drop May.

TOTORO: ???

Satsuki ：You put it over your head like that.

参考文献

Carroll, Lewis. *The Annotated Alice*. Suffolk : Penguin Books, 1986.

De Saint-Exupery, Antoine. trans. Howard, Richard. *The Little Prince*. New York : Harcourt, Inc., 2000.

Duckworth, Angela. *Grit*. New York: Scribner, 2016.

Gore, Al. *An Inconvenient Truth*. London : Bloomsbury, 2007.

Keller, Helen. *The Story of My Life*. New York : Signet Classics, 2002.

Mansfield, Katherine. *Poems*. London : Constable, 1923.

Miyazawa Kenji. trans. Sigrist, Joseph & Stroud, D. M. *Milky Way Railroad*. California : Stone Bridge Press, 1996.

Montgomery, L. M. *Ann of Green Gables*. Puffin, 2010.

アルク英語企画開発部編『ショーシャンクの空に』アルク，1998 年。

倉橋由美子訳『新訳　星の王子さま』宝島社，2005 年。

中邑光男ほか編『ジーニアス総合英語』大修館，2017 年。

宮沢賢治『銀河鉄道の夜』講談社，2009 年。

安井稔『英文法総覧』開拓社，1982 年。

綿貫陽他『ロイヤル英文法』旺文社，2000 年。

綿貫陽 & ピーターセン，マーク『表現のための 実践ロイヤル英文法』旺文社，2006 年。

_____年　　　月　　　日　提出物

学籍番号　_____

名　　前　_____

切
り
取
り
線

　　　　年　　　月　　　日　提出物

　　　　　　　　　　　　　学籍番号 ＿＿＿＿＿＿＿＿＿＿

　　　　　　　　　　　　　名　　前 ＿＿＿＿＿＿＿＿＿＿

切
り
取
り
線

_____ 年 ____ 月 ____ 日　提出物

　　　　　　　　　　　　　　学籍番号　_____

　　　　　　　　　　　　　　名　　前　_____

切

り

取

り

線

　　　　年　　　月　　　日　　提出物

学籍番号　＿＿＿＿＿＿＿＿＿＿＿＿＿

名　　前　＿＿＿＿＿＿＿＿＿＿＿＿＿

切り取り線

_____ 年 ____ 月 ____ 日　提出物

学籍番号　_____

名　前　_____

_____

_____

_____

_____

_____

_____

_____

_____

_____

_____

切り取り線

《著者紹介》

柴田優子（しばた・ゆうこ）

中央学院大学教授。日本マンスフィールド協会会長。
共著に『ニュージーランドの思想家たち』（論創社），『マンスフィールド事典』
（文化書房博文社），共訳に『マンスフィールド全集』（新水社），『マンスフィー
ルドの手紙』（文化書房博文社）など。論文に，「マンスフィールド文学の絵画性」
（I）～（VI），「マンスフィールド文学の音楽性」など多数。

（検印省略）

2011年　6月10日　初版発行
2020年　5月10日　改訂版発行　　　　　　　略称 ― リーディング

英会話のためのリーディング ［改訂版］

	著　者	柴田優子
	発行者	塚田尚寛

発行所	東京都文京区 春日2－13－1	**株式会社 創成社**

電　話　03（3868）3867　　ＦＡＸ　03（5802）6802
出版部　03（3868）3857　　振　替　00150-9-191261
http://www.books-sosei.com

定価はカバーに表示してあります。

©2011, 2020 Yuko Shibata　　組版：トミ・アート　印刷：エーヴィスシステムズ
ISBN978-4-7944-7081-2 C3082　　製本：エーヴィスシステムズ
Printed in Japan　　落丁・乱丁本はお取り替えいたします。